Financial Stories in the Architecture

湘财证券股份有限公司投资者教育基地 编

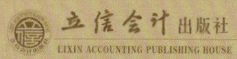

图书在版编目（CIP）数据

建筑里的金融故事 / 湘财证券股份有限公司投资者教育基地编. -- 上海：立信会计出版社，2025.3.
ISBN 978-7-5429-7832-5

Ⅰ. F832.95-49

中国国家版本馆 CIP 数据核字第 2025AF2256 号

策划编辑　毕芸芸
责任编辑　毕芸芸

建筑里的金融故事
JIANZHU LI DE JINRONG GUSHI

出版发行	立信会计出版社	
地　　址	上海市中山西路 2230 号　邮政编码　200235	
电　　话	（021）64411389　传　真　（021）64411325	
网　　址	www.lixinaph.com　电子邮箱　lixinaph2019@126.com	
网上书店	http://lixin.jd.com　http://lxkjcbs.tmall.com	
经　　销	各地新华书店	

印　　刷	常熟市人民印刷有限公司
开　　本	880 毫米×1230 毫米　1/32
印　　张	5.5
字　　数	150 千字
版　　次	2025 年 3 月 第 1 版
印　　次	2025 年 3 月 第 1 次
书　　号	ISBN 978-7-5429-7832-5/F
定　　价	48.00 元

如有印订差错，请与本社联系调换

编委会

主　编：高振营
副主编：李景生　周乐峰　邱玉强　张　栋
　　　　卢　勇　詹　超　刘小平　丁　军
编　委：刘飞烨　陈　艳　王婷婷　刘剑锋

指导单位：上海投保联盟

编者的话

历史像一个巨大的宝库,只要挖掘,总会有所发现,并带来新的启示。

历史的讲述方式有多种多样,可以严肃地讲述,也可以趣味式地问答;可以围绕着人展开,也可以围绕着实物述说,如一只股票,一座建筑……

湘财证券股份有限公司投资者教育基地(以下简称"湘财证券投教基地"),曾因背靠湘财证券所创的历道证券博物馆(以下简称"历道")而对证券历史有了近距离的接触。2018年,湘财证券投教基地因"历道"藏品悉数捐赠中国证券博物馆(以下简称"中证博")而迁至"中证博"三楼,而我们仍然将传播中国证券历史知识作为基地投教工作中的一项重要的特色内容。

我们编写本书的灵感,源于每天置身上海新旧金融建筑中的沉浸体验。

我们将一些旧金融机构的建筑串联起来,形成一条空间的动线;将一些有影响的金融故事编织起来,梳理一条时间的脉络。通过本书,读者在时空交错中可以感受历史的变迁,收获金融知识和启示。

湘财证券股份有限公司投资者教育基地

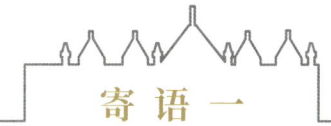

寄 语 一

建筑里的金融故事？嚯！是谁想到了这么奇妙的点子，把建筑之于生活的高度具象，和金融之于生活的高度抽象，牵绕在一起？

不要试图教鸟儿如何飞翔。建筑与金融，同是基于实用性，且总体是通过以试错法为基础的试验性方式发展起来的。它们同样神秘，让我们在巨大和多变中常感卑微。它们也同样世俗，承载着我们希望让人看到和不愿让人看到的欲望。

所以，从建筑欣赏角度切入金融历史和金融知识，确实会带来不一样的体验。一旦了解到这些建筑曾经关联的金融人、事、物和味道，它们就不再只是无名的"大楼"，而是拥有了灵魂与精神。下次有缘经过，不妨向它们招招手。

感谢编者在本书中为上海证券交易所留下专门的章节。1990年12月19日，浦江饭店传出开市锣声，那一刻，中国金融的新时代就此开启。

上海证券交易所投资者教育基地

寄 语 二

　　在黄浦江畔的美丽天际线上，金融建筑群不仅是城市坐标，更是镌刻着中国资本市场的基因密码。这些建筑记载着中国近代金融的发展历程，见证着资本市场蹒跚学步。穿梭于百年历史建筑之间，总能听见历史在穹顶下的回响。自上海开埠通商以来，这里诞生了中国近代第一家证券交易所、第一家股票商业公会……百年市场的风风雨雨始终警示着后人：金融之翼需以制度约束为骨，市场活力之泉须以风险防范为堤。

　　本书通过浦江两岸的金融建筑，让外滩的历史建筑与陆家嘴的摩天大楼对话，令泛黄的证券票据与跃动的电子数据共鸣，让凝固的建筑生动叙述着上海"小四行"的形成、保险与信托公司的风潮、证券交易所的变迁、红色金融的足迹……从中可窥见穿越百年的上海金融发展渊源。

　　本书以建筑为棱镜，折射出一部金融史诗。它既是为从业者铸就的明鉴，更是向公众开启的启蒙之窗。百年沧桑化作建筑年轮，新时代的资本叙事正在续写。愿读者在砖石纹路间感受金融力量，在廊柱光影中感知市场律动，以史为鉴，以文化滋养生态，用责任守护价值，让建筑成为一部立体的历史教科书。

上海市证券同业公会

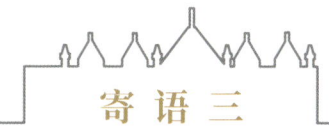

寄语三

　　湘财证券股份有限公司是湖南辖区资本市场的重要证券经营机构，公司成立于1996年。2016年，湘财证券所创历道证券博物馆获批成为中国证监会命名的首批"全国证券期货投资者教育基地"。

　　近年来，湖南省证券业协会联合湘财证券投教基地持续推进投资者教育纳入国民教育体系建设，在湖南大学等高校开设研究生学分课程、证券知识普及和投资者教育讲座、"历道学堂"财商夏令营，并在"小湘剧场""湘听：解纷有道"投资者保护等投教短视频方面共同发力，取得了显著的成效。

　　2021—2024年，湘财证券投教基地联合中国证券博物馆，依托丰厚的证券藏品，连续推出《中国证券故事之红色记忆》《中国证券故事之晚清萌芽》《中国证券故事之改革奋进》《中国证券故事之民国往事》。2024年3月，湘财证券投教基地与湖南省证券业协会联合策划推出"湘水衡云画轴开"湖南资本市场发展历程展。

　　本书通过建筑来梳理百年金融发展故事，是不同于以往任何一次的金融历史讲述方式，是在金融历史投教中的一次创新。希望这一形式会受到广大读者的喜爱。

湖南省证券业协会

寄 语 四

上海,自 1843 年开埠以来,因其优越的地理位置和政治环境,进出口贸易迅速发展,并由此推动了本地金融业的发展。20 世纪 20 年代末、30 年代初,上海成为远东金融中心。

在早期金融发展中,这里也曾发生过橡皮风潮、民十信交风潮……这些经验教训对我们改革开放后的资本市场发展,都起到了警示作用。

2020 年,上海已基本建成了与我国经济实力以及人民币国际地位相适应的国际金融中心。

在上海,建筑不仅是城市名片,更是文化载体。"建筑可阅读"作为上海的知名品牌,让人们通过建筑的外观,深入探寻其背后的文化底蕴与历史故事。本书以独特的视角,仿佛是通过一场建筑之旅,对中国的金融历史做了一次回访,让那些已经渐行渐远的历史又"活"了起来,让那些枯燥的金融词汇也变得生动起来。愿本书能让读者在领略建筑之美、感受建筑之韵的同时,读懂金融的脉络,理解金融的逻辑,体验金融亲民、易懂,亦可阅读的别样精彩。

上海市静安区业余大学
静安终身教育研究所投资者教育基地

目 录

起航：轮船招商局 ⋯⋯⋯⋯⋯⋯⋯⋯⋯⋯⋯⋯⋯⋯⋯⋯⋯ 3
    轮船招商局的拓展 ⋯⋯⋯⋯⋯⋯⋯⋯⋯⋯⋯⋯⋯ 11

第一章 探寻"小四行"的形成

第一节 中国第一家华资银行 ⋯⋯⋯⋯⋯⋯⋯⋯⋯⋯ 15
    钱庄、票号和银行 ⋯⋯⋯⋯⋯⋯⋯⋯⋯⋯⋯⋯⋯ 23
第二节 风波不断的民营银行 ⋯⋯⋯⋯⋯⋯⋯⋯⋯⋯ 25
    股票、红利 ⋯⋯⋯⋯⋯⋯⋯⋯⋯⋯⋯⋯⋯⋯⋯⋯ 33
第三节 总行由津迁沪的银行 ⋯⋯⋯⋯⋯⋯⋯⋯⋯⋯ 35
    中国国货银行 ⋯⋯⋯⋯⋯⋯⋯⋯⋯⋯⋯⋯⋯⋯⋯ 43

第二章 银行创办的保险公司

第一节 来自香港的保险公司 ⋯⋯⋯⋯⋯⋯⋯⋯⋯⋯ 47
    保险业中的大数法则 ⋯⋯⋯⋯⋯⋯⋯⋯⋯⋯⋯⋯ 55
第二节 "国"字头的保险公司 ⋯⋯⋯⋯⋯⋯⋯⋯⋯⋯ 57
    中、交两行停兑风潮 ⋯⋯⋯⋯⋯⋯⋯⋯⋯⋯⋯⋯ 65
第三节 大华保险背后的银行 ⋯⋯⋯⋯⋯⋯⋯⋯⋯⋯ 67
    信托和信托公司 ⋯⋯⋯⋯⋯⋯⋯⋯⋯⋯⋯⋯⋯⋯ 75

第三章 初创时期的信托公司

第一节 被迫更名的信托公司 ⋯⋯⋯⋯⋯⋯⋯⋯⋯⋯ 79
    公司债券 ⋯⋯⋯⋯⋯⋯⋯⋯⋯⋯⋯⋯⋯⋯⋯⋯⋯ 87

第二节 从贸易改做信托的公司 ———————— 89
　　民十信交风潮 ———————————————— 97

第四章 历经风潮的交易所

第一节 几经变迁的证券交易所 ———————— 101
　　证券和证券交易所 ——————————————— 109
第二节 纱布交易所与"纱交风潮" ——————— 111
　　期货和期货交易所 ——————————————— 119

第五章 上海红色金融足迹

第一节 大后方的红色保险 ——————————— 123
　　董事长和总经理 ———————————————— 131
第二节 沦陷区的红色保险 ——————————— 133
　　行业自律组织 ————————————————— 141
第三节 隐蔽战线的银行钱庄 —————————— 143
　　红色金融史上的第一 —————————————— 151

新航程：上海证券交易所 ——————————— 153
　　中国多层次股权市场 —————————————— 161

建筑是世界的年鉴，当歌曲和传说已经缄默，而它依旧还在诉说。

——[俄]果戈理

上海外滩列队如仪的建筑群，是中国金融历史的地标性建筑。但上海的金融历史建筑却不只于此，东起外滩（中山东一路），西至河南中路；北自北京东路，南迄延安东路；以此为中心向周边辐射、扩展。

这里曾经汇聚了国内外众多金融机构，它们都坐落在一座座精致、典雅的建筑中，这里面隐藏着太多太多的故事。

接下来，本书将撷取其中十数个"凝固的音符"，"奏"起一段中国金融历史波澜起伏的"乐章"。

在这里，

建筑可阅读，

金融可阅读，

建筑里的金融故事可阅读。

轮船招商总局大楼旧影

轮船招商总局大楼

启航：轮船招商局

📍 中山东一路9号

徜徉在鳞次栉比的外滩建筑群前，很少有人会注意到汇丰银行大楼南侧的这座三层清水红砖建筑。它属于维多利亚新古典主义风格，墙体饰有古希腊式三角门楣和古罗马塔斯干及混合柱式。一层为石筑外墙。在外滩的所有建筑中，它是唯一采用外廊造型的建筑。

轮船招商总局匾额

然而，其正门上方"轮船招商总局"六个石刻描金大字所承载的历史影响力，却远远超过了这座小巧而精致的建筑本身。

近代第一股的诞生

轮船招商局于1873年1月17日正式开业。那时，它还叫轮船招商公局，地点则在距此地500多米的南永安街（今永安路）上。那里与外滩建筑群之间隔着黄浦江的一条支流——洋泾浜，即今天

南永安街时的轮船招商局

旧时的沙船

的延安东路。

在轮船招商公局创建前的十一年间，上海已先后成立了旗昌、中日、公正、北华、太古等5家外资轮船公司（其中，中日航业公司仅营业两年便倒闭）。它们凭借着以蒸汽为动力的轮船，几乎垄断了海上及长江运输。而将南方六省所征粮食运往北京的漕运，因运河淤塞已于1826年改由大型帆船（时称沙船或沙宁船）通过海上运输。然而，沙船终不敌轮船，因此中国航运日渐式微。为此，李鸿章派浙江漕运局总办海运委员、候补知府朱其昂等酌拟轮船招商章程，招股集资。在朱其昂、胡光镛、李振玉等人的努力下，各帮商人纷纷入股，并购买了三艘轮船。这也是中国近代发行的第一支股票（股票原件迄今尚未发现）。

邮票中的"伊敦"轮

1872年10月30日，从英国购买的"伊敦"号轮船在上海装载完货物，便开始了前往汕头的首航。它是中国近代第一艘蒸汽动力商船。

同年12月23日，为"使我内江外海之利，不致为洋人占尽"，同时也为了将来国产轮船能随时得到租买，李鸿章上奏《试办招商轮船折》，并准备将第二年的二十万石漕运交给轮船招商局，以确保其有一部分固定收益。

李鸿章

也许是因为漕运之事是关系到国计民生的大事，时隔仅三日，试办轮船招商局的事即获朝廷批准。

4

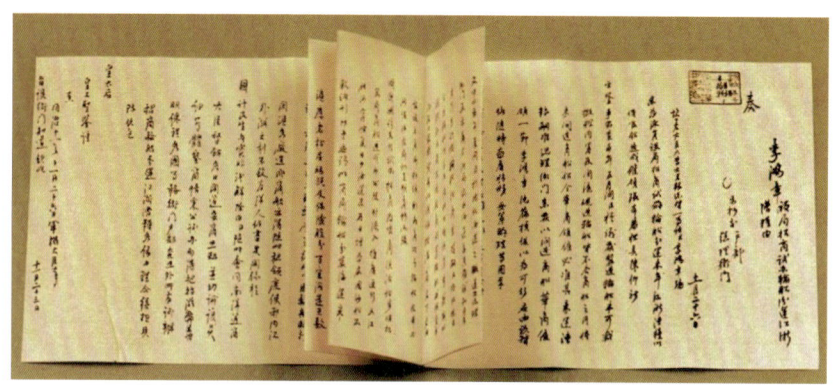

以一对多的生死博弈

李鸿章《试办招商轮船折》

据《申报》刊登的轮船招商公局开局报道,"前晚微有雨雪,昨晨忽转晴霁,天气和暖,中外官商及各国兵船统领均往道喜,车马盈门,十分热闹,足见舆情之辑睦,其兴旺可拭目俟焉"。

中国航海博物馆展示的轮船招商公局开业油画作品

然而,在喜气洋洋的开业背后却是危机四伏。外资航运公司联合起来试图通过降低运价的方式挤垮轮船招商局。就在这时,轮船招商局"官督商办"的企业性质发挥了它独特的优势。

创办之初,李鸿章报请户部以年息七厘给予轮船招商局12.3万余两白银的三年借款(已扣除预缴利息及其他款项)。李鸿章在奏折中申明,此款"作为设商本",为的是"示信于

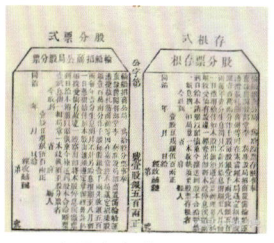

1873年轮船招商局股票票样

1873—1878年
轮船招商局资本占比
（数据来源招商局历史博物馆）

上海外滩的旗昌洋行
水彩 周官（约1875年）

众商""盈亏全归商认，与官无涉"。可是，从三年后的1876年开始，直到1878年，其间清政府的投资总额均高于商股。此外，每年漕运的补贴，以及华商客户的支持，使得轮船招商局挺过了这场持续4年的价格大战。

1877年，实力最大的旗昌轮船公司因在价格战中亏损太大，遂将其各埠码头、仓库连同十六艘轮船作价222万两白银卖给了轮船招商局。与此同时，旗昌位于福州路17号的北楼房产也转让给了轮船招商局。1901年，轮船招商局在北楼前面的花园里，建起了我们今天看到的这座建筑，即中山东一路9号。

此时，已成为轮船数和吨位数第一的轮船招商局，迫使怡和、太古两家英商轮船公司坐到谈判桌前签署限制价格变动的"齐价合同"，并在长江、天津、福州、宁波等主要航线的市场分配占比中，独占40%～50%的份额。

促进股票市场的发展

轮船招商局成立不到半年，朱其昂因筹资遇阻及经营亏损，自知"才力不及"，遂主动辞去总办之职，留任会办。在盛宣怀的推荐下，李鸿章聘请买办唐廷枢、徐润担任轮船招商公局总办和会办。

唐廷枢接任后,改组轮船招商局,并更名为轮船招商总局,额定资本100万两,先招50万两,当月即招18万两。由于初期招股主要是凭借唐廷枢和徐润两个人的人脉关系,虽然短期内迅速得到增加,但长远看,其融资额还是有限。因此,唐廷枢决定将每股金额由500两降至100两,同时,通过刊登广告及委托各地钱庄票号代为筹集。随着轮船招商局经营业绩的不断增加,以及影响力的不断扩大,直到1882年才招足100万两股金。

唐廷枢

徐润

开业后的10年间,轮船招商局面值100两的股票,在上海的市价已经涨到了200两以上,1882年,还曾达到260两的高位。就在1881年至1882年,中国的企业发行股票数量及购买股票人数也出现了爆发式的增长。这也由此推动了股票交易市场的兴起。1882年10月24日,第一家专门从事中国股票交易的华商机构——上海平准股票公司应运而生。尽管上海平准股票公司一年多以后,便在上海金融风潮中倒闭,但股票交易市场的大门并未因此而关闭。一些以股票交易为副业的人经常聚在茶楼交易。中华民国成立前夕,上海已经形成了以大新街、福州路转角处的荟芳楼为中心的证券交易市场。

清朝时的上海茶楼

轮船招商局的历史沿革

1909年8月15日,轮船招商局召开股东大

郑观应

会，受盛宣怀和董事会的委托，郑观应前往北京申请"商办轮船招商公局股份有限公司"执照，旨在改"官督商办"为纯"商办"。但就在农工商部下发执照的同一天，邮传部还下发了反对改制的批驳。这个批驳中包含：删除执照名称中的"商办"和"公"字；"官督商办"中设立的董事会是为了"助官力之所不及"；董事局遇紧要事件召集股东特别会议，议决后需由主、副办将议案抄录后"呈部候示施行"；主、副办由部选派，但由董事会监督其是否胜任或舞弊。故轮船招商局"官督商办"的性质一直延续到清朝灭亡。

招商局轮船股份有限公司股票（1948年）

辛亥革命后，经过轮船招商局反复不断的努力，争取到了完全自主用人、独立处置产权的权利，并最终实现了完全商办。

1948年4月，国民政府将其控制下的轮船招商局的一部分迁往台湾，并投资成立阳明海运。1949年上海解放后，留在大陆的轮船招商局并入中华人民共和国交通部下属的上海海运局、广州海运局、中国长江航运（集团）总公司。

1949年9月19日，在香港招商局"海辽"轮从香港前往汕头执行航运任务的途中，船长

方枕流

8

方枕流率领船员于 9 月 28 日清晨抵达解放区大连，并宣布起义。1950 年 1 月 15 日早上 8 点，香港招商局大楼的楼顶、仓库、码头及其 13 艘轮船的甲板上同时升起五星红旗，13 只汽笛齐鸣。此后，香港招商局便作为中华人民共和国交通部直属的陆资港企延续至今。

人民币上的"海辽"轮
（1953 年版）

1979 年 7 月 2 日，袁庚带领香港招商局在深圳蛇口的微波山和龟山之间打响了改革开放的"开山第一炮"，它震惊了国内外，蛇口工业区基础工程由此正式拉开帷幕。它也成为中国改革开放的一个重要标志性事件。

"开山第一炮"

此后，香港招商局还率先创办了改革开放后中国第一家股份制中外合资企业——中国南山开发区股份有限公司、中国大陆第一家股份制商业银行——招商银行，倡导成立了中国大陆第一家由企业合股兴办的保险公司——中国平安保险公司，同时还收购了伦敦和香港的两家保险公司，成为第一家进入国际保险市场的中资企业。

位于广东省深圳市的中国南山开发区股份有限公司旧址

> 在现代银行、保险、信托,以及证券交易机构尚未出现前,轮船招商局通过股票发行,率先开启了中国现代金融的"航船"。此后,中国金融业的"航船"在乘风破浪中不断发展壮大。

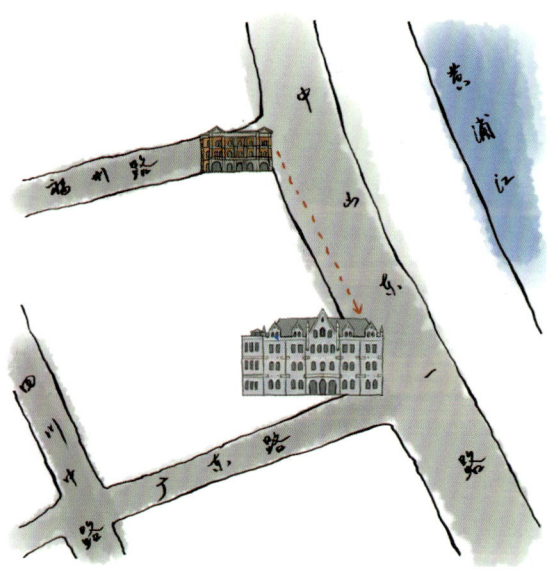

从轮船招商局旧址向南步行约120米,我们即可抵达下一站——中国通商银行旧址。

轮船招商局的拓展

1874 年

创办中国第一家船舶修理厂——同茂铁厂

1875 年

创办中国第一家保险企业——保险招商局

1878 年

创办中国第一家机采煤矿企业——开平矿务局

参与创办中国第一家大型纺织企业

——上海机器织布局

1882 年

创办机械加工野蚕丝企业——烟台缫丝局

1897 年

创办第一家现代商业银行——中国通商银行

1908 年

组建中国第一家钢铁煤炭联合企业

——汉冶萍厂矿公司

第一章

探寻"小四行"的形成

中国通商银行大楼旧影

中国通商银行大楼

中国第一家华资银行

📍 中山东一路6号

楼顶一大四小五个高耸的尖顶，突显其典型的哥特式建筑风格。这座砖木混合结构的建筑，原本只有三层，1897年中国通商银行买下后，因办公面积不足，遂由英商马礼逊洋行设计师格兰顿将其翻建、设计为中世纪后期的欧洲市政厅式样，增至四层。其窗户的形制，自上而下分别为尖券、平券、弧形券、半圆形券。这洁白的外立面下，原本是青、红砖镶砌而成的清水墙，新中国成立后，被使用单位用水泥粉刷后完全覆盖，其最初的容貌难以重现。四楼南侧还有一个可容纳百人的露台。

尖券窗

平券窗

弧形券窗 　半圆形券窗

历史的机缘巧合

据史料记载，光绪二十三年四月二十六日（公历1897年5月27日）上午9时，一面印有"中国通商银行"六个大字的旗帜在楼顶的旗杆上冉冉升起，广东路上停满了轿子，热闹非凡。中国金融史翻开了新的篇章，中国通商银行成为中国第一家华资银行。

在盛宣怀创办通商银行之初，银行的额定

盛宣怀

资本为500万两,先期收取250万两。其中,由盛宣怀任督办的轮船招商局和电报局分别投资80万两和20万两,盛宣怀个人投资73万两,总董中的张振勋和严信厚各投资10万两和5万两。以上投资总额已近200万两,约占实收资本的80%。

但令人意想不到的是,通商银行开业前从奥茄手中买下的外滩6号建筑,其最早的地块主人竟是旗昌洋行。旗昌洋行为竞争中国江海航运市场,于1863年将该地块的房屋道契抵押给了会德丰拍卖行,其后,又辗转卖给了奥茄用来经营房产。如今我们见到的中山东一路6号建筑便是奥茄重建的。就在轮船招商局收购旗昌洋行20年后,它所控股的通商银行又再次买下了旗昌洋行曾经的房产。读到这里,人们不免感叹:在历史的兜兜转转之中,总是有着那么一种说不清、道不明的机缘巧合。

1893年4月,外滩6号大楼遭遇大火被扑救的情景。那时它的业主还是奥茄

北京总理各国事务衙门

拒绝官府的控制

曾经担任首家官督商办企业——轮船招商局督办、亦官亦商的盛宣怀,深知"官督"曾对轮船招商局的掣肘,因此,在他创办通商银行初期便竭力阻止清政府的控制。1897年

第一章 探索"小四行"的形成

3月,总理衙门针对盛宣怀递交的《中国通商银行大概章程》,提出几点反驳,如要求将通商银行的总行分别设在北京和上海,清政府在官利、公积、花红外的盈余应得五成,低息贷款给政府,十万两以上的业务须报告政府等。

消息传出后,原本入股的商人纷纷要求退股,涉及数额"达六七十万两",而很多争相"挂号"准备入股的人也均已"绝迹"。

盛宣怀以英商汇丰银行为例,强调其不受英国政府左右,且对待英国政府的贷款均按商务规则办理。与此同时,受商人退股影响,原定于1897年4月的开业时间不得不推迟,这就迫使总理衙门不得不做出让步。

位于中山东一路10-12号的原汇丰银行

出于自身利益的考虑,清政府户部最终从国库拨出100万两白银存入通商银行,既获得了公款利息,又帮助了通商银行的创立。清政府虽未能以入股方式介入银行运营,但却通过通商银行发行国债用以偿还外债,从而避免了以往高息向外国银行借款还债,以及汇率变动的风险。盛宣怀所追求的"商款商办,官但保护而不管事"的目的即在于此。

在用人方面,盛宣怀则着重选择有工商经

验的人担任总董。在9位总董中，除杨文骏外，其余8人均来自工商业。

抵制洋商的介入

盛宣怀在创办通商银行之前便提出"银行为商务枢纽，英法倡于前，俄德踵其后，自己若不早设，利权必尽为一网打尽"的观点。这与李鸿章在《试办招商轮船折》的奏折中提出的"庶使我内江外海之利，不致为洋人占尽"的想法是一致的，都是不想让洋商垄断中国市场。对于洋商来说，他们也同样不想让中国的企业"动"他们"奶酪"。

当时，外商银行及洋行与本土钱庄经过数十年的磨合，已经形成稳定的深度联系。

与轮船招商局创办后遭到洋商打压不同的是，通商银行在筹备时，外资银行便急不可耐地介入其中，欲将其直接扼杀于"摇篮"之中。

位于中山东一路15号的原华俄道胜银行

首当其冲的华俄道胜银行，先是试图迫使清政府入股与其合办银行，其后又提出与通商银行合股经营。1897年2月，更是直接找到盛宣怀，声称华俄道胜银行已更名为中俄银行，告诉盛宣怀不必再新建银行了。

在得知盛宣怀募集商股创办通商银行后，

代表英国利益的中国海关总税务司赫德立即向总理衙门递送了一份银行章程，建议以海关税收为官本替代商本，将银行的控制权转到他能左右的海关手中。

其后，比利时、法国、奥地利等国政府也都提出各自的要求，但都因盛宣怀的抵制而未能实现。

复杂组合的作用和影响

盛宣怀深知，经营银行远比创办银行难。那时的中国，并不完全了解西方现代商业银行运营，因此，盛宣怀一面拒绝洋商参股，以确保通商银行能够始终被中国人掌控，并独立运营；一面又在制定通商银行章程时，完全照搬汇丰银行章程，并聘用洋大班（旧时对洋行经理的称呼）参与管理。

为了不使通商银行被洋大班控制，盛宣怀另聘一位华大班，以形成权力制衡。此外，在人事任免和银钱出纳方面，洋大班的意见都要经过总董的审核；在聘用洋大班时，需要签订合同，一旦不符合要求可以随时解聘。

通商银行的首任洋大班是曾经担任过汇丰银行大班的米德伦（Maitland）。首任华大班则是上海北市钱业会馆董事陈笙郊。

在对待与官府的关系上，也同样采取双重策略。一方面，拒绝受官府的掌控；另一方面又要与官府保持一定的联系，以从官府获取利

赫德

中国通商银行股份有限公司股票（1934 年）

旧上海钱庄银号林立的街头

益。尽管盛宣怀试图垄断官款存放业务未能如愿，但通过地方分行私下与各地官员进行公关，争取到了不少地方官款的存放。

此外，通商银行获得清政府的授权，于开业的第二年发行银元和银两两种纸币，因此成为中国近代史上首家发行纸币的银行。早期的通商银行通过纸币发行获得了丰厚的利润。仅以1905年至1911年辛亥革命爆发这七年为例，其发行钞票没有准备金的部分，平均每年约140万两，按当时贷款年息8%计算，其间所获利润高达80万两。

通商银行发行的银元、银两纸币

正是因为通商银行有着这样复杂的组合，曾推荐盛宣怀担任督办铁路大臣的张之洞评价通商银行为"不官不商、亦官亦商；不中不西、亦中亦西"。

1934年，中国通商银行追随银行业盖楼的潮流，在江西中路与福州路交口处建起一座17层的高楼，即今天的建设大楼（江西中路171-181号）。后因资金周转问题，该建筑转让给了中国建设银行。

张之洞

第一章 探索"小四行"的形成

建设大楼

> 自1859年太平天国领导人首次提出"兴银行"后,直到1897年,其间,有许多人都曾试图创办现代银行,但却因种种原因,均未成功。但自中国通商银行成立后,到20世纪初,中国人自己创办的银行相继诞生,仅在上海设立总行和分行的就有8家。

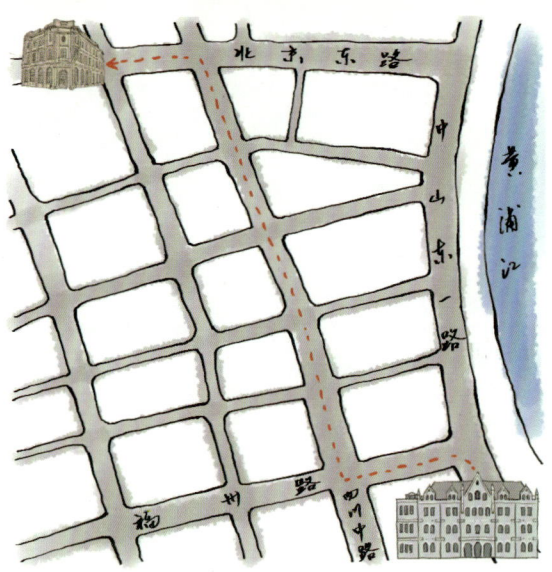

从中国通商银行旧址向北步行约996米,我们即可抵达下一站——四明商业储蓄银行旧址。

钱庄、票号和银行

钱庄

旧中国时期的一种金融机构。主要分布于上海市以及江苏、浙江、福建等省的城市。也有地方称银号,或两种名称并存。大型钱庄除办理存贷款业务、开发庄票外,少数还发行银票。

票号

旧中国时期的一种金融机构。多由山西人经营,亦称"山西票号",还称"票庄""汇兑庄"。初期主营汇兑业务,以后存贷款业务逐渐发达。

银行

通过存款、贷款、汇兑、储蓄、票据等业务,承担信用中介角色的金融机构。最早的银行出现在14世纪80年代意大利的威尼斯。中国第一家华资银行是通商银行,它是一家经营货币资本、充当债权人和债务人中介的金融企业。

四明商业银行大楼旧影

四明商业银行大楼

风波不断的民营银行

 北京东路 232-240 号

坐落于北京东路北侧、江西中路转角处的这座古典主义风格建筑，原属四明商业银行。一楼设有拱券式门窗。一楼大门两侧为塔斯干柱，其上贯穿二、三层的是爱奥尼柱。三层古希腊式三角门楣下方的窗口上方饰有弧形山花，上有精致的巴洛克风格雕饰，转角处有椭圆形牛眼窗。对照老照片会发现，在屋顶花瓶式栏杆的女儿墙后面，原本还有一个古罗马式的穹顶，但现已不复存在。

牛眼窗

这座建筑还有一个独特之处，其转角门额上方为外凸的弧形，三层顶部外檐为内凹的弧形，而楼顶的女儿墙又再次呈现外凸的弧形。这种设计似乎映衬出四明商业银行那风波不断的发展历程。

巴洛克风格雕饰

由外商掀起的挤兑潮

由一群沪上宁波商人筹建的四明商业银行，成立于 1908 年农历八月的一天。后更名为四明商业储蓄银行，简称四明银行。行名源自宁波西南的四明山。在四明银行成立之前，总行设

虞洽卿

四明银行发行的纸币

晚清时的进口小汽车

在上海的银行仅有4家。

四明银行初创时，额定资本为150万两，实收资本为75万两。周晋镳为总董，陈薰为总理，虞洽卿为协理，而虞也是实际负责经营的人。开业不久，四明银行便从清政府的度支部（相当于今天的财政部）获得了一项特殊权利——发行纸币。其纸币（兑换券）发行的面额有4种：壹元、贰元、伍元、拾元。然而，这也给了企图垄断中国金融市场的外商夹击四明银行的机会。

外商银行在积累了一定量的四明银行纸币后，开始集中兑换银两，导致四明银行瞬间面临倒闭的危险。四明银行董事、股东中的宁波人向上海的同乡求援。随后，在沪上宁波同乡的帮助下，各大商店、钱庄、银号纷纷代兑四明银行纸币。挤兑风潮平息后，四明银行发行钞票的信任度和受欢迎度因此得到提升。最初发行额仅为20万元，以后逐年增加，并在上海、汉口、宁波、温州、舟山等沿海、沿江城市广为流通。

橡皮风潮后的重组

1910年10月，一场影响深远的橡皮风潮波及了四明银行。

这场风潮的起因是，20世纪初，随着

汽车、自行车等工业的发展，橡胶原料因生产轮胎的需求而变得紧缺，价格暴涨。橡胶公司的股价也水涨船高。到了1910年年初，为开发南洋橡胶资源而成立的公司就多达122家。据《泰晤士报》估算，其中至少有40家公司约2500万两的资本金主要销售给了华人和在上海的外国人。但是，这些公司却是鱼龙混杂、真伪难辨。在随后的股票炒买炒卖中，股价飞涨。例如，一家名为"地傍橡树公司"的股票，在上海众业公所（即证券交易所）一个半月内，交易价便上涨了一倍。

1910年6月，伦敦橡胶股票暴跌，受此影响，上海的汇丰等外商银行宣布所有橡胶股票停止押款，橡胶股票瞬间成为废纸。受此冲击最大的是沪上各大钱庄。1910年7月21日，上海正元、兆康、谦余三大钱庄因大量挪用客户存入的远期支票，并向其他行庄调换巨额现金，用来购买橡胶股票，而同时倒闭，拉开了这场金融风潮的序幕。因当时上海人称橡胶为橡皮，因此，此次风潮也被称为橡皮风潮。

这三家钱庄是四明银行的主要往来客户，它们的倒闭导致四明银行持有的22万两庄票血本无归。原本就因沿袭传统钱庄管理而连年亏损的四明银行，受此风潮影响，股票也随之大跌，几近"倾覆"。总、协理请辞，银行改组，时任浙江兴业银行上海分行经理孙衡甫遂以10万

兰格志橡胶公司股票
（时间不详）

孙衡甫

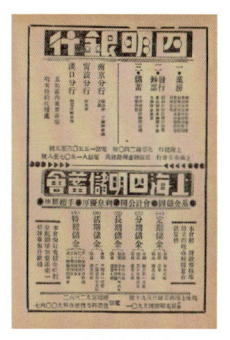

四明银行广告

银元盘入四明银行，完成并购。

孙衡甫接手后，通过在报纸等媒体做广告招揽存、放款业务，及开办四明储蓄会等措施，3年内即弥补了亏损，并安稳地度过了1916年殖边银行上海分行引发的又一次挤兑危机。

崛起并逐步走向鼎盛

因在辛亥革命期间为义军提供军饷，四明银行大量资金被占用，为此，孙衡甫决定停发股东红利，将余钱存入长源户，以积累还债资金。好在1913年以后，上海开始拆除环绕老城厢的城墙，并填平环城河道，由此引发一场规模较大的房地产开发热潮，导致地价大涨。四明银行过去因倒账中曾押没的不少城壕基地，借此陆续变卖，获利丰厚。到1916年，四明银行因房地产业务，以及新开展的有价证券业务、生金银业务，其营业种类进一步扩大，存款总额最高时达4000万元。

1918年，四明银行成为上海银行公会12家发起行之一。

1919年，在汉口设立分行。

1921年，迁入北京路新建成的大楼。与它一街之隔的是浙江兴业银行。孙衡甫曾任职于浙江兴业银行，于

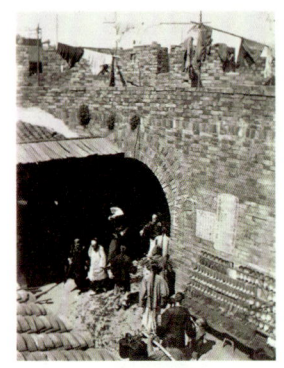

清朝时上海县城新北门旧影

位于上海香港路59号的原上海银行公会大楼旧影

1910年就任四明商业银行董事长兼总经理,没想到有朝一日又会天天面对以前的东家,有时历史真的是比舞台上的戏剧更加戏剧化。

位于江西中路东西两侧的四明商业银行旧址(左)和浙江兴业银行旧址(右)

1927年,补足股本150万两,并在南京下关设办事处。

1930年,在南京开设分行,并在总行设置房地部。

1931年,境外资本主义国家受经济危机影响,导致黄金对白银比值加大。此次"金贵银贱"风潮,对当时世界上唯一以银为本位的国内市场产生巨大影响。地产价格因此上涨。四明银行借机建造商业地产及大批里弄民居,其房地产产业遍布上海、宁波、汉口等地。同年,孙衡甫任董事长兼总经理,虞洽卿等7人任董事。

20世纪30年代美国经济危机时的失业工人

四明银行开发的弄堂民居

"一·二八事变"
闸北遭轰炸的情景

位于南京的"中央银行"大楼

记账法改为新式簿记，并新立科目，各账由新董事会审核。

官僚资本趁火打劫

进入20世纪30年代后，政治局势的变幻莫测，如"九·一八事变""一·二八事变"的发生，以及白银风潮等引发的经济形势的动荡不安，导致工商业、房地产业陷入萧条。四明银行也因在房地产和有价证券方面投入的资金周转迟滞，面临发展的瓶颈。

1935年6月，时任财政部长的孔祥熙指使"中央银行"分批派人持四明银行钞票前去挤兑。而此时的四明银行已非宁波人所独有，也再难重现昔日力挽狂澜的风光。四明银行此前未能与其他金融同业结成盟友，自然也没能得到其他金融机构的援助。虽再三请求当时的国民政府财政部手下留情，但孔祥熙坚持要求孙衡甫离任。后经虞洽

30

第一章 探索"小四行"的形成

卿从中斡旋，孙衡甫于1936年以病为由辞去总经理一职，由叶琢堂继任作为过渡。

在此期间，国民政府统一币制，各商业银行货币发行权均被撤销，并要求限期回收已发行纸币。此时，四明银行欠缴发行准备金1309万元。"中央银行"南京分行经理接任四明银行总经理后，清查发现，四明银行实亏2469万元，已资不抵债。其后，财政部拨复兴公债作"官股"，借机将四明银行转变为"官商合办"银行。1937年2月，财政部派税务署署长吴启鼎兼任董事长。

四明商业银行股份有限公司股票（1923年）

太平洋战争爆发后，四明银行迁往重庆，并在成都、西安、兰州等大后方设立分支机构。战后，四明银行返回上海。1948年，国民政府进行币制改革，四明银行也随之将原有资本折算成金圆券。另增资本后，官方股份占比高达95%以上。

上海解放后，人民政府接管四明银行的"官股"部分，派出公股董事，同私股推出的代表一起组成新的公私合营银行董事会，继续营业。

> 四明银行跌宕起伏的发展历程，折射出了那个时代的历史变迁；四明银行被官僚资本强行介入的历史，反映了当时商办企业恶劣的生存环境。

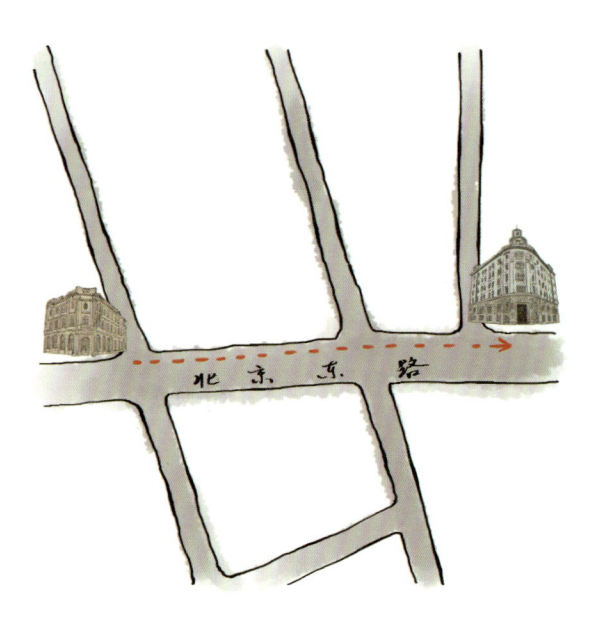

从四明银行旧址沿北京东路向东步行约210米，我们即可抵达下一站——中国实业银行旧址。

股票、红利

股票

股份公司发给股东以证明其所入股份并有权取得股息的书面凭证。可作为收藏对象或抵押品的有价证券。1602年荷兰东印度公司成立之初，为解决筹集资金和分散风险两大难题，创新性地发行了世界上最早的股票。

红利

股利的一部分。股东从公司得到的超过股息部分的利润。分红主要有现金分红和股票分红两种方式。现金分红是将未分配利润以股利的形式发放给股东。股票分红则包括送股和转赠股。送股是将未分配利润以股票形式赠予股东。转增股是将资本公积金转为新股本。

2024年4月12日，新"国九条"进一步加强了对上市公司现金分红的监管。

中国实业银行大楼旧影

中国实业银行大楼

总行由津迁沪的银行
📍北京东路 130 号

位于北京东路与虎丘路转角处，有一座兼具新古典主义和折衷主义风格的六层建筑——中实大楼。由明显的线脚划分成的三段式结构，是古典主义建筑的典型特征之一。墙身设有竖条窗，底层为厚重的石材及较深的条纹分割。其纵跨两层的高大门楣上，从左到右至今仍然可以依稀辨认出原来的业主——中国实业银行。青铜大门偏上位置、椭圆造型中间，有一个由 NIBC 组合成的 LOGO，而这四个字母便是中国实业银行英文名称 The National Industrial Bank of China 的缩写。

门楣上的旧名称隐约可见

青铜大门上的银行 LOGO

一场危机引发的改变

1932 年 2 月 19 日，中国实业银行总行接到密报，同在一地的天津分行遭遇挤兑风潮。这是中国实业银行自 1919 年 4 月正式开业以来，首次遇此危机。总行急忙向各处借款，但所借钱款有限，即使用股票抵押仍无人愿意继续借款。无奈之下，总行请求实力最强的上海分行解围，但时任上海分行经理刘晦之拒不伸出援

刘晦之

龚心湛

中国实业银行发行的货币

周学熙

京师自来水有限公司股票
（1908年）

手。总行总经理龚心湛不得不亲自前往上海。经过协商，龚心湛答应将中国实业银行总行由天津迁往上海，并由刘晦之接任总经理，同时由刘晦之派人接管天津分行。自此，挤兑风潮因上海分行的拨款而得以平息。

在1935年国民政府统一币制之前，许多商业银行经政府批准享有发行纸币的权力。那时的纸币也称兑换券，即持此纸币可随时到发钞行兑换银元。因此，其金融安全至关重要。

1922年，中国实业银行在取得政府发钞许可后，制订了《中国实业银行发行兑换券规则》。按此规则，各分行的现金准备均需保持在六成或六成以上。而天津分行之所以会爆发如此大的危机，主要是由天津分行管理层冯子衡等人贪腐及投资失误导致的。

开业前的曲折多变

1914年，第一次世界大战爆发，进口减少，给了中国实业难得的发展良机。

1915年，周学熙与当时政界、实业界知名人士熊希龄、李士伟、钱能训等人，发起成立民国实业银行，并在北京设立筹备处，以便向企业提供资金，辅助实业发展。

> 周学熙，时任北洋政府财政总长。曾创办北洋滦州官矿有限公司（1907年）、京师自来水股份有限公司（1908年）、

第一章 探索"小四行"的形成

华新所属的天津、青岛、唐山、卫辉四家纱厂（1918年）。

熊希龄，曾任北洋政府第四任国务总理。曾创办湖南官立瓷业学堂及商办湖南磁业有限公司（1908年）。

李士伟，曾任北洋政府参政院参政、农商部矿政顾问、总统府财政顾问、财政总长及"中国银行"总裁、中日实业公司总裁等职。

钱能训，曾任北洋政府内务次长、内务总长、代国务总理、国务总理等职。

熊希龄

商办湖南磁业有限公司股票（1908年）

同年12月25日，因袁世凯登基称帝，民国实业银行更名为中国实业银行。与此同时，曾积极认股的各盐商于袁世凯称帝失败后纷纷停缴股款。不久后，筹备处工作因此不得不停顿。1916年春天，中国实业银行准备开业，不料爆发于1915年的云南讨袁护国运动，引发的全国各地的积极响应，丝毫没有停止的迹象。此时，北洋政府又因财政困难处理不当，引发"中国银行""交通银行"两行停兑风波。官股不仅难以拨付，已缴纳的商股股款又因存储在"中国银行"而无法提出。

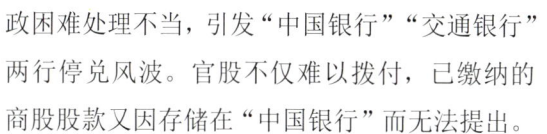

1915年12月13日，袁世凯在中南海居仁堂仓促登基

成立日期只能延宕。

发起时，中国实业银行额定资本2000万元，官商各半。1918年，北洋政府财政部认为国家财政困难，于是更改银行章程，股票比例变更，将官股减至400万元，商股则增至1600万元，额定总资本不变。

1919年3月，筹备工作重新启动，筹备处随之迁至天津。直到1919年4月开业时，中国实业银行实收股金350余万元。

中国实业银行天津分行

同年开设天津分行，后迁入英租界领事道（今天津市大同道21号）。其后，中国实业银行陆续在各地设立分支机构，到1936年，全国共有分支机构50处。上海分行于1920年设立，并于1929年迁入今北京东路130号。

"白银风潮"中的变局

从1931年开始，英国和日本陆续脱离金本位，使得国际银价开始止跌回升。到了1933年，美国也放弃了金本位，并于次年6月颁布《购银法案》，以实现联邦货币准备金中"金三银一"的比例。美国大量购买白银的行为，不仅刺激了国际银价继续上涨，还直接导致上海、北平等多个城市爆发白银挤兑风潮。当时，中国是

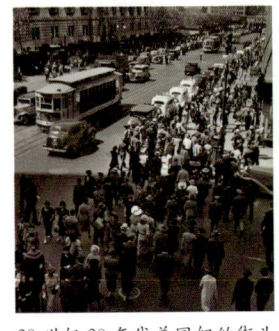

20世纪30年代美国纽约街头（贝蕾妮丝·阿博特 摄）

世界上唯一采用银本位的国家。然而，就在此前的1929年至1932年，由于银本位及欧美各国紧缩性货币政策，银价偏低，促进了中国的商品出口和白银流入。

春江水暖鸭先知。上海作为当时的全国金融中心，受此"白银风潮"的影响最为明显。1935年春节前后，上海几家大钱庄接连倒闭，惊动了江浙财团。其间，亦有数家银行遭到挤兑。

上海街道旁密集的钱庄

但总体上来看，影响并没有预想中的大。就在这一时期，上海华商银行虽有8家因挤兑而倒闭，但还有3家银行成立。这或许与当年国民政府财政部发行1亿元金融公债有关。其中3000万元拨给了"中央银行"，2500万元拨给了"中国银行"，1000万元拨给了"交通银行"，它们利用这笔资金对"白银风潮"中的部分大型商办银行展开救助。

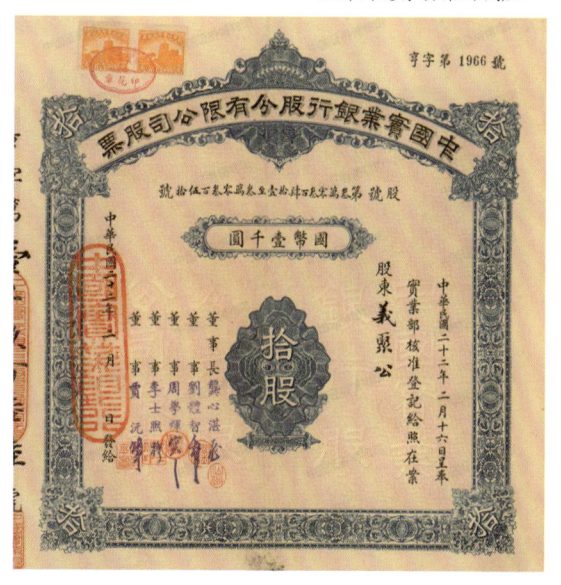

中国实业银行股分有限公司股票（1933年）

1935年11月4日，中国废除银本位，改为与英镑挂钩的汇兑本位制，由中央、中国、交通三大行（后又加上"中国农民银行"）发行法币，实行统一币制。

就在此前的1934年，中国实业银行凭借其充足的准备金，化解了诸多分行、支行的挤兑风潮。但在这一全球性的金融风潮背景下，也只能求助政府。

"小四行"的形成

在国民政府救助的银行中，包括了著名的中国通商银行和四明商业银行。在救助的同时，国民政府也完成了对这些银行的人事改组。1935年5月30日，中国实业银行总经理刘晦之以病辞职，由"中央银行"国库局局长胡祖同代理；6月1日，四明商业银行董事长兼总经理孙衡甫辞职，由"中央信托局"筹备主任叶琢堂接任；6月7日，中国通商银行召开董事会议，聘请曾任"中央银行"业务总经理兼上海分行经理的顾贻毂担任总经理。

1935年6月，时任国民政府财政部长的孔祥熙利用"中央银行""中国银行"和"交通银行"囤积中国通商银行、四明商业银行、中国实业银行所发钞票，然后同时向这三家银行挤兑。此时正值"白银风潮"，其他银行均无力救助。于是，孔祥熙趁机将为救市发行国库券所得的2000万元中的1500万

孔祥熙
中国国货银行股份有限公司股票（1930年）

元拨给中国国货银行。而此时,担任中国国货银行董事长的正是孔祥熙本人,担任总经理的则是其内弟宋子良。随后,中国国货银行向上述三家银行各注资500万元,借此增加官股占比。

1936年,国民政府继续向此三行增加官股,将其由商办银行转变为官方控股的官商合办银行。这三家银行与开业即在国民政府控制下的中国国货银行一起,被合称为"小四行"。

"小四行"在"大四行"("中央银行""中国银行""交通银行""中国农民银行")官僚资本的控制下,成为国民党国家垄断资本金融体系中的附庸。

1936年,中国实业银行已先后在全国各地开设了50家支行,员工人数达703人。抗战全面爆发后,中国实业银行历经多次迁移,多数支行因战争而停业,到1945年抗日战争结束时,员工仅剩200多人。

新中国成立后,中国实业银行和四明商业银行一样,成为新中国的公私合营银行。

宋子良

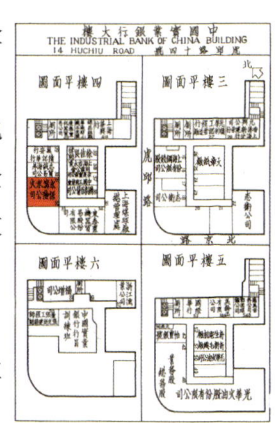

中国实业银行大楼平面图显示永宁水火保险公司在其四楼办公

1915年8月，中国实业银行在上海设立永宁保险行。1932年改组成立永宁水火保险公司，这也是中国最早由银行开设的保险公司。

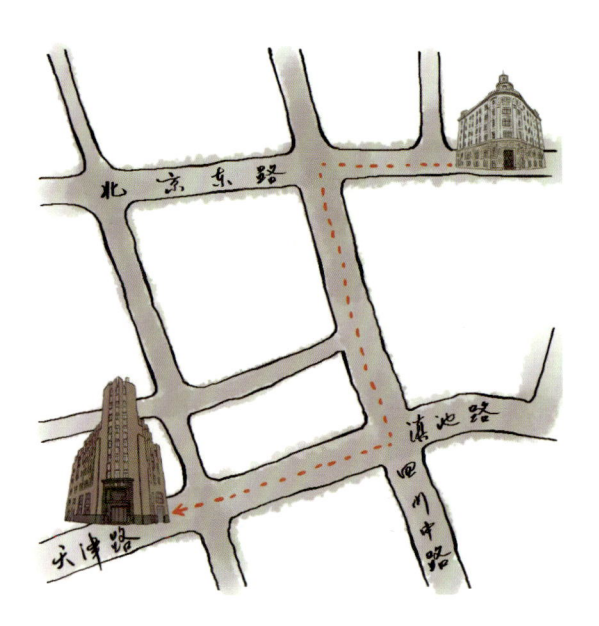

从中国实业银行旧址向西南步行约996米，我们即可抵达下一站——上海联保水火保险公司旧址。

中国国货银行

1929年11月15日上午9时,在汇聚了中外众多银行的汉口路,突然聚集了来自政商各界的达官显贵。他们都是来参加中国国货银行开业仪式的。主持这一活动的是时任工商部长孔祥熙。发起成立这家银行的起因则是一年前"五三惨案",也称"济南惨案"。

1928年,北伐军进占济南时,日本以保护其侨民为借口,出兵干涉,并于5月3日凶残地杀害了国民政府17名外交人员进而强占全城,恣意杀戮中国军民6123人。在各地民众抵制日货的声浪中,由时任工商部长孔祥熙担任主任的筹备处,募集500万元创立了中国国货银行,旨在提倡国货、振兴民族工业。

第二章

银行创办的保险公司

广东银行大楼

第二章 银行创办的保险公司

来自香港的保险公司

📍 天津路 2 号（江西中路 349 号）

这是一座现代主义风格的建筑，主体为七层，加转角处两层塔楼，共计九层。其设计者为近代著名华人建筑设计师李锦沛。从第五层开始，逐层向内退缩，左右两边也向转角处缩短并聚拢。这种独特的设计使得人们站在狭窄、不能退远的宁波路上仰望时，其塔楼如入云端。难怪当时中国建筑师学会主办的《中国建筑》杂志，在大楼竣工后发表《上海广东银行落成记》，将其描绘为"门首高塔矗立，达于云表，雄踞南北大道，益壮观瞻"。

这座建筑自 1934 年 2 月动工，当年 10 月即告竣工，其建造速度在当时也堪称一流。

设在银行内的保险公司

广东银行投资建造的这座大楼，除少部分用于广东银行上海分行办公外，绝大部分都是对外出租的，相当于今天的写字楼。

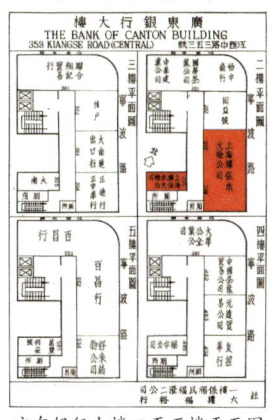

从那时留下来的一张平面图上可以看到，在二楼的 203、204、205 三个房间办公的是上海联保水火保险公司。这家创立于 1915 年 1 月

广东银行大楼旧影

广东银行大楼二至五楼平面图

的保险公司，其最初的注册地在香港。随着公司业务重心转至华东地区，其总部也于1927年由香港迁到上海，并于1931年9月30日在国民政府实业部注册。公司名称也由联保水火保险公司变更为上海联保水火保险公司。

公司发起人主要有李煜堂、李自重父子，以及伍耀庭、李葆葵、黄茂林等人。

联保水火保险公司成立之初，原定资本总额为英洋300万元，实收143万元。其中主要投资方便是广东银行。这也就不难理解，上海联保水火保险公司为什么会选在广东银行大楼办公了。

上海联保水火保险公司在香港、广州、汉口、大连、哈尔滨、仰光等地设有分公司，在九江、镇江、杭州、青岛、烟台、威海卫、一面坡、龙口、辽宁、营口、长春、吉林、大黑河、公主岭、郭家店、范家屯、安东、富锦、珠河、黑龙江、海拉尔、满洲里、阿什尔、普兰店、卌里堡、富尔基、金州、泰安镇、三岔河，以及新加坡设有代理处。经营范围涵盖水火险、船壳险、汽车险，业务重点在上海。上海解放时，公司停业。

李煜堂

李自重

上海联保水火保险公司股票（1923年）

中国保险业溯源

谈及中国近代保险业的起步,便又要提到开篇中发行第一只股票的轮船招商局。在轮船招商局创立之初,李鸿章等人即有创办保险公司的设想:"本局招商畅旺,轮船愈多,保险银两愈重,拟由本局自行保险,俟银两积有成数,再行设立公局,广为保险,如有盈余,仍归本局股分。" 由此可知,保险公司未能与轮船招商局一起创办,主要是差在"钱"上。

然而一次突如其来的海难却加速了中国第一家股份制保险公司——保险招商局的诞生。

1875年4月,轮船招商局所属"福星号"轮船因大雾在黑水洋附近被怡和洋行的"澳顺号"轮船撞沉,造成63人遇难,损失漕米7000余石及多宗物资,价值数十万两白银。虽经诉讼得到部分赔偿,但损失仍然很大。经此一事,曾处处受到洋商保险公司排挤、刁难的轮船招商局,毅然决定由唐廷枢、徐润发起成立保险招商局。同年12月28日开业,并在《申报》上发布公告,对外集股15万两。其后,因经营业绩向好,轮船招商局为弥补保险招商局保额过小的限制,在已先期募集8万两资本后,于次年的8月19日又创设了仁和保险公司,并计划招股20万两。

自1877年收购旗昌轮船公司后,受各地堆栈码头火险业务需求的推动,轮船招商局再次

清末轮船码头

仁和保险公司公启
(1876年7月3日)

仁济和水火保险股份有限公司股票（1929年）

广州谏当保险行

招股20万两，于1878年4月17日成立济和保险公司。1882年，保险招商局与仁和保险公司合并，成立新仁和保险公司。1886年，新仁和与济和合并，成立仁济和保险公司。至此，轮船招商局创办的三家保险公司最终合并成了一家公司。1928年，因多种原因，仁济和保险公司脱离轮船招商局，并更名为仁济和水火保险公司。

广东银行的前世今生

1908年，英国商人在香港创办了最早的外商保险公司——谏当保险行（Canton Insurance Society）。在此影响下，粤港澳地区的华商保险公司也逐渐兴起。但当时的华商保险公司并未使用"保险"一词，而是采用了"保险"的英文音译词"燕梳"（insurance）。李煜堂于1902年前后创办的第一家保险公司名为联益互保火险兼洋面燕梳有限公司。

其后，他又陆续创办了康年、联泰、羊城等多家保险公司，其分支机构遍布国内各口岸

第二章 银行创办的保险公司

及南洋诸岛。他也因此被誉为"保险大王"。

李煜堂于 1915 年发起创办的联保水火保险公司，之所以能得到广东银行的资金投入，与他的股东身份不无关系。不过，说起广东银行，还有一个比较复杂的问题。曾经有两家银行的名字叫广东银行，而且注册地都不在广东。

1907 年，美国华侨陆蓬山与刘兴在旧金山创办广东银行，并分别担任总理、副总理，后改由刘兴任总理。1912 年，陆蓬山联合李煜山等人，又在香港注册成立广东银行，并成为香港首家华资银行。

昔日位于德辅道中 6 号的广东银行总行

旧金山广东银行后被香港东方银行控股。1926 年，因受香港东方银行倒闭牵连停止运营，并于 1928 年正式关闭。

1935 年 9 月，受世界经济危机的影响，香港总行及各地分行同时对外宣布停业清理。1936 年夏，国民政府官僚资本入股改组，宋子文任董事长。随后，广东银行及其分行恢复营业。1941 年，香港沦陷后，总行再度停业，成立于 1916 年的上海分行曾改为总行。抗战胜利后，香港的总行复业，上海的广东银行仍为分行。上海解放后，上海分行因其为国民政府

1936 年广东银行复业
（右四为宋子文）

官僚资本投资被上海市军管会金融处接管清理。

1971年，香港广东银行与美国太平洋银行合作，并于1988年更名为太平洋亚洲银行。后经再次合并，更名为美国银行（亚洲）。2006年，中国建设银行收购其全部股份，并将其更名为中国建设银行（亚洲）。

李煜堂的传奇人生

上海联保水火保险公司的主要发起人李煜堂有着不同寻常的一生。

18岁那年，他跟随哥哥出洋经商。完成资本的原始积累后，李煜堂返回香港，创办了金利源、永利源两家药材铺。其后，又继续扩大投资，先后创办了广州电力公司、河南机器磨面公司、泰生源出入口货行等实业。

根据平均率及大数法则等保险原理，保险公司的保户越多，业务覆盖区域越广，保险的保障功能就越强。也许正因如此，自1902年起，李煜堂又陆续创办了多家保险公司，其中包括中国人最早创办的寿险公司之一——康年人寿保险公司。

1905年，受儿子李自重、女婿冯自由的影响，李煜堂加入同盟会。后在李少白、冯自由的请求下，李煜堂买下因官司牵连面临停刊的《中国日报》，使得这份由孙中山创办于1899年的革命报纸得以继续出版。

2009年年末上映的香港动作片《十月围城》

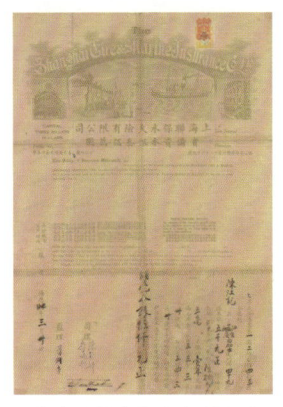

上海联保水火险有限公司保单

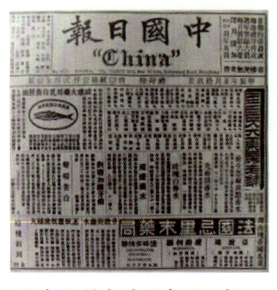

孙中山创办的《中国日报》

中，虽然孙中山在香港遇险的情节并无史料可据，但片中李玉堂、李重光父子却是以李煜堂、李自重父子为角色原型塑造的。

自 1911 年广州黄花岗起义到 1912 年中华民国临时政府成立，所有海外党部汇款都是通过李煜堂的金利源药材铺处理的。

电影《十月围城》剧照

1911 年广东光复后，李煜堂任广东省军政府财政司司长，协助当时的军政府募集资金。6 个月后，他重返商界，除保险业外，还参与投资创办了上海新新百货、哈尔滨置业公司等。此外，他还致力于公共事业方面的投资，如创办广州岭南大学、执信学校、上海广肇医院等。

1936 年，李煜堂病逝，享年 85 岁。

位于南京东路的新新百货
（今上海第一食品商店）

1929年，时任"中国银行"总经理张嘉璈出国考察，对美国保险业在经济大萧条时期帮助银行业度过危机的重要作用感触颇深。回国后，他便发起成立了中国保险公司。

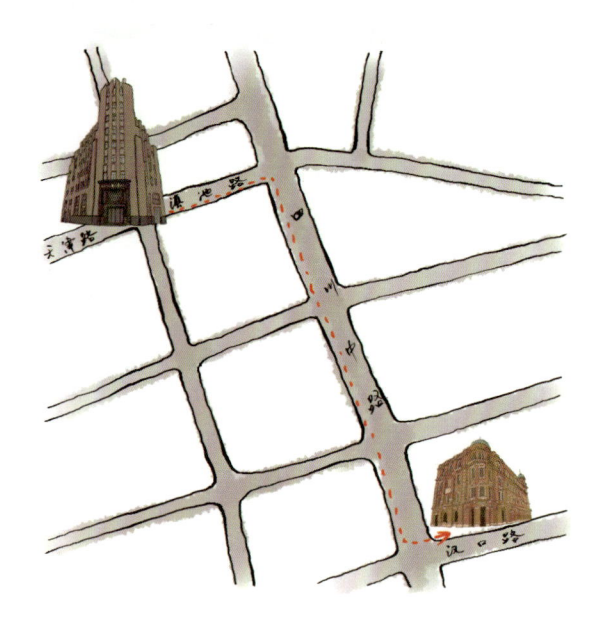

从上海联保水火保险公司旧址向东南步行约530米，我们即可抵达下一站——中国保险公司旧址。

保险业中的大数法则

大数法则，统计学名词。在随机事件的大量重复过程中，往往呈现出一种必然的规律（即概率），这个规律就是大数法则。

例如，抛 10 次硬币，正面可能出现 4 次，其频率是 0.4。但如果抛上万次或更多，其正面出现的频率越接近 0.5。也就是说，抛的次数越多，正面和反面出现的概率越接近相等。

大数法则，又称"风险大量原则""大数定律""平均法则"。

保险公司通过对保险集合中的大量风险单位进行观察，估测出损失发生的概率。随着保险集合中的风险单位数量增多，对损失发生的估测就可能更精确，从而可以确定出更合理的保费。

大清银行大楼旧影

大清银行大楼

56

第二章 银行创办的保险公司

"国"字头的保险公司

📍 汉口路 50 号（四川中路 268-270 号）

这座清水红砖建筑始建于 1908 年，展现出古典主义与巴洛克风格的和谐融合。其红白相间的墙面在视觉上格外引人注目。"三横三纵"的立面构图、古希腊式的三角门楣造型，以及装饰二楼窗户两侧的爱奥尼柱等，都是其古典主义风格的显著标志。而墙面上对细节与装饰的特别关注，则彰显了巴洛克风格的华丽与精致。

这座大楼尤为特别的是其西南门和南门上方两个形制完全不同的穹顶。一个矮胖，一个高瘦，使其房顶产生了节奏和韵律上的变化。

大楼窗户上方古希腊式的三角门楣造型及两侧爱奥尼柱装饰

行名背后的历史变迁

这座大楼最早的业主是户部银行上海分行。

1905 年，经户部财政处奏请获批，清政府在北京设立"户部银行"。额定资本为库平银 400 万两，每股 100 两，其中户部认购了一半，其余股份由官员和民间认购。按章程规定，股份不得转卖给外国人。这是我国最早由官方创办的国家银行。

位于北京西交民巷 27 号院的户部银行

1906 年，清政府为实行君主立宪做准备，改组行政机构。户部改为度支部（相当于现在的财政部）。户部银行因之更名为大清银行。

辛亥革命爆发后，大清银行的多数分行被迫关闭。上海分行因地处租界，得以继续经营。1912年1月1日，中华民国临时政府在南京成立不久，便接到大清银行上海分行商股联合会的呈请，要求改为"中国银行"。后经临时大总统孙中山的批复，"中国银行"于同年2月5日在今天的汉口路50号正式开业，宋汉章任经理。

随着南北议和成功，中华民国首都由南京迁往北京。同年8月1日，北京的"中国银行"总行正式成立。在上海成立不久的"中国银行"遂改为"中国银行"上海分行，简称沪行，并派丁道津为沪行行长。不久后，丁道津升任总行副总裁，宋汉章则由沪行副总经理升为经理，任命张嘉璈为副经理。

宋汉章

1916年5月，"中国银行"和"交通银行"遭遇了蔓延全国的停兑风潮。宋汉章和张嘉璈毅然决定拒绝接受北京的指令，通过调动各方资金，很快便平息了这一金融风波，且借此增强了"中国银行"的信誉。

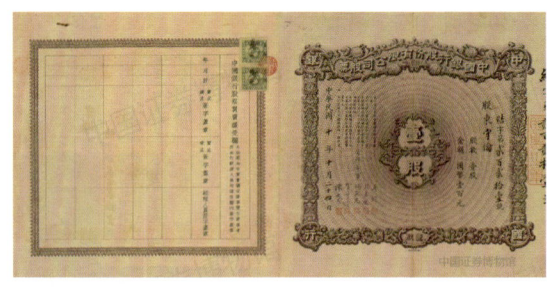

中国银行股份有限公司股票
（1921年）

1928年10月，随着南京国民政府设立"中央银行"，"中国银行"不再具有国家银行性质，转而成为一家以政府特许经营国际汇兑业务为主的专业银行。总裁制被改为总经理制，张嘉璈被推选为总经理。

因"火"得"扶"获声誉

1929年，时任"中国银行"总经理的张嘉璈出国考察，因有感于保险业在经济大萧条时期对美国银行业的帮助，回国后，便向董事会提议设立中国保险公司。这一举措旨在保障"中国银行"自身的财产安全，以及贷款给工商企业的资金安全，同时通过收取保费为"中国银行"增加收入。

1931年11月，中国保险股份有限公司（简称中国保险公司）在位于仁记路的"中国银行"总部正式开业。额定资本500万元，先收半数，"中国银行"占全部股份的九成。时任"中国银行"上海分行总经理的宋汉章兼任中国保险公司董事长，过福云任总经理。

张嘉璈

中国保险股份有限公司股票（1933年）

令人意想不到的是，1933年的一场大火竟会让中国保险公司声名远播。这似乎印证了保险业的名言——"保险的信誉是用钱赔出来的"。

事情的起因是这样的，1922年建成于汉口的申新第四纺织厂（以下简称"申新四厂"）是上海荣氏家族的重要连锁企业，1933年3月29日，维修机器的工人因停电而借助蜡烛照明时，操作失当及扑救不及时引发大火，致该厂厂房、设备全部烧毁，经济损失高达200余万银元。好在中国保险公司借鉴西方保险业经验，此前已开办了再保险业务。

汉口的申新第四纺织厂旧影

火灾发生后，中国保险公司迅速派人赶赴汉口核实损失。经过勘察定损后，快速做出理赔决定。其中按合同约定，中国保险公司自负责任数额外，超出限额部分由分保公司承担。

及时拿到保险赔偿后的申新四厂利用上海总公司追加的投资及银行贷款，很快便恢复了生产。为此，申新四厂于1933年6月1日在《申报》上专门刊登广告致谢。广告中除了陈述火灾发生及中国保险公司迅速查勘定损过程外，还对赔偿做了详细描述，称赞中国保险公司"约同各分保公司，计有宝丰、中央信托、通易信托、联保、太平、丰盛、华安、华兴、宁绍、公裕、保泰、皇家及伦敦 Willis Faber & Dumas, Ltd.。经手之数家保险公司照数赔偿，足征中国保险公司暨各该分保公司办事敏捷，信誉卓著，赔款迅速，合函登报藉鸣谢忱"。

《申报》上的申新四厂广告

保险业务再拓展

早在申新四厂发生火灾前，因火险市场竞争激烈，利润空间已经很小。中国保险公司独辟蹊径率先开办了茧子险、银钞险、运输险、汽车险、邮包险、奶牛险、电梯险、柜窗玻璃险、船壳险、水上运输险等多项创新险种。

1933年7月，中国保险公司进一步扩大业务范围，增设了人寿部。主要的险种有人寿保险、限期缴费终身保险、储蓄保险、人身意外保险、劳工保险和雇主责任保险。1937年4月，人寿部独立出来，成立了中国人寿保险公司。

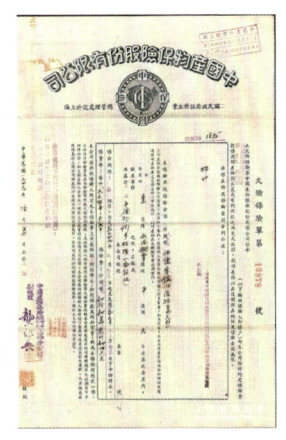

1944年12月27日，中国保险股份有限公司更名为"中国产物保险股份有限公司"。1946年，迁入汉口路50号。

中国产物保险股份有限公司保单（1949年）

1949年上海解放后，中国产物保险股份有限公司和中国人寿保险公司由上海军管会金融处保险组接管。后经金融处批准，中国产物保险股份有限公司于6月20日首获复业。后几经变化，最终于1951年9月25日，由中国产物保险股份有限公司和中国人寿保险公司组合而成的中国保险公司总管理处从上海迁到北京，随后并入中国人民银行。

"中国银行"外滩新大楼

1928年11月，"中国银行"总管理处正式从北平迁至上海，入驻仁记路（今滇池路），于外滩转角处原德国总会办公。

1934年4月，因业务发展、人员增加，且"内部组织既已革新，银行实力足与驻上海的欧美银行相抗衡，必须有一新式建筑，方足象

德国总会旧影

征中国银行之近代化。"（张嘉璈日记）于是，总行董事会决定在原仁记路22号的地址上重建一座34层双塔形的高层建筑。但最终完成的新大楼，不仅由双塔改为单塔，高度也由34层减至17层。最流行的说法是，这一改变是因为租界工部局阻挠，而其背后的原因是旁边沙逊大厦老板不允许中国银行大楼高于沙逊大厦。但现存史料中并无相关记载。在1936年1月报送租界工部局的大楼设计方案中，中国银行大楼已经改为17层。据分析，建筑方案缩水的根本原因可能与1934年后蔓延的白银危机、办公楼租赁市场萎靡等因素有关（原计划大楼中有一部分办公空间用于出租）。

最初的双塔建设设计方案

位于今天中山东一路23号的中国银行大楼，是由中国人出资、中国人建造的中式风格建筑。参与设计大楼的陆谦受时任"中国银行"建筑课课长，他毕业于伦敦建筑学会建筑专门学校，是英国皇家建筑工程学会会员。尽管中国银行大楼与周边的建筑同样采用砖石材质，但其东面主楼采用的是中国传统建筑中的绿色琉璃瓦、方形攒尖顶。楼顶檐口采用石质仿传统木斗拱装饰，檐下饰有传统如意云纹及格窗。

方形攒尖顶

石质斗拱

1936年10月10日，"中国银行"举行奠基典礼，大楼在1937年竣工。

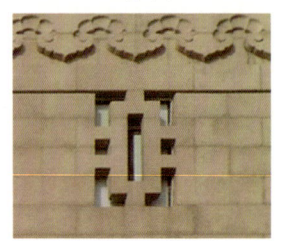

如意云纹及格窗

第二章 银行创办的保险公司

位于中山东一路的
中国银行大楼

无独有偶，在上海众多金融机构老建筑中，另有一座建筑的楼顶也采用了中式建筑造型。由于它并非紧贴大楼主体的外檐建造，从远处的路边向上望去，只能看到部分屋檐。

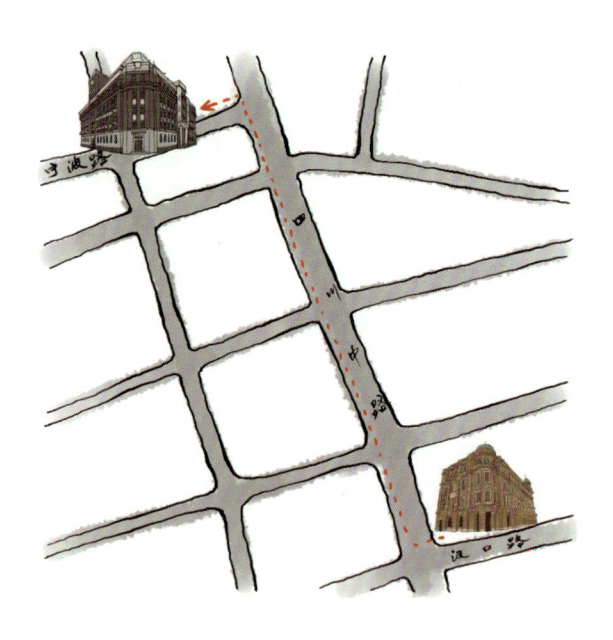

从"中国银行"（中国保险公司）旧址向西北方步行约 500 米，我们即可抵达下一站——大华保险股份有限公司旧址。

中、交两行停兑风潮

1916年，北洋政府的财政困难日益严重。时任总统府秘书长的梁士诒等人建议，将中国、交通两家国家控股的银行合并，把库存现金集中于北京，以解燃眉之急。同时，他们还建议发行一种不兑现的钞票。消息传出后，京津地区的中、交两行钞票兑现量大幅增加。到了5月初，政府收支差约近1千万元，加之外债偿还迫近，情况变得十分严峻。国务院帮办徐树铮和梁士诒未等新财长到任，便建议时任国务总理的段祺瑞要求中、交两行停兑钞票。"停兑令"传到上海，时任"中国银行"上海分行正副经理的宋汉章、张嘉璈为维护"中国银行"的信誉，果断决定拒绝执行"停兑令"，并为此组织成立中国银行股东联合会，公推张謇为会长。中国银行股东联合会于5月12日对外说明拒绝停兑的缘由，到了19日，兑现风波基本平息。

上海大楼旧影

上海大楼

66

大华保险背后的银行

📍宁波路 40、50 号（江西中路 368 号）

在旧上海遗留下来的金融建筑中，在外滩中国银行大楼建造前，只有上海商业储蓄银行始建于 1929 年的上海大楼采用了独特的中式屋顶，而且其形制是在封建时代位列第二等级的重檐歇山顶。然而，由于屋顶是在大楼主体建筑的顶部缩进建造的，从街道向上望去，只能看到部分檐角，难窥全貌，因此它显得特别低调，极少被人注意。

上海商业储蓄银行重檐歇山顶屋顶建筑

大楼主体为 8 层高的混凝土现代派风格建筑。外立面采用深褐色墙砖，并饰以白色水平线脚和连接二、三、四层窗户的白色矩形，显得特别醒目、别致。

上海大楼中的保险公司

通过上海商业储蓄银行（有时简称上海银行）大楼的平面图会发现，在其一楼和二楼的办公区竟然汇聚了三家保险公司。它们分别是于 1927 年创办的大华保险股份有限公司、1930 年创办的中国第一信用保险股份有限公司、1931 年创办的宝丰保险股份有限公司。而这三家保险

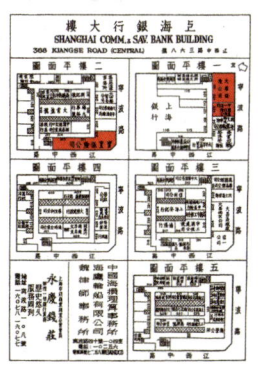

上海商业储蓄银行大楼一楼至五楼平面图

陈光甫

位于中山东一路17号的友邦大厦

大华保险股份有限公司股票
（1947年）

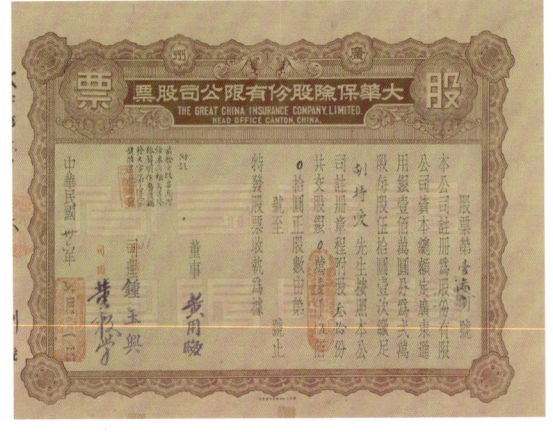

公司的主要出资人均为上海商业储蓄银行。

20世纪30年代初，每年流入外国保险公司的保费高达2000万元。时任上海商业储蓄银行总经理的陈光甫之所以先后创办这三家保险公司，主要是为了不使外商尽占其利，同时也可帮助青年就业。这三家保险公司的定位也各有不同。

1927年，上海商业储蓄银行作为主要投资人筹备创办了大华保险股份有限公司。作为股东之一的著名实业家刘鸿生邀请潘学安参与筹办，并担任大华保险股份有限公司总经理。潘学安自美国圣约翰大学留学归来，曾被美商友邦保险公司聘用，担任有着"远东保险王"之称的友邦总经理史带的秘书，后担任副总经理多年。潘学安应刘鸿生之邀辞去友邦职务。史带一向主张扶持华人创办保险公司，因此，当他得知潘就任大华保险股份有限公司总经理后，还特别在自己家里举办饯行活动，并赠予潘学安一块金表作为纪念。同年3月19日，大华保险股份有限公司成立，额定资本12万元，一次收足。1936年9月，资本总额增至国币（当时的货币单位）20万元。

中国第一信用保险股份有限公司成立于1930年1月。创办这家保险公司是试图以个人信用为保证，替代当时各企业要求员工必须提供铺保（旧时以店铺名义出具证明所做的保证）的办法。它是我国第一家也是唯一一家专营信用保险的公司。其主要投保者均为英美烟公司、太古洋行等外商公司的职员。发起成立中国第一信用保险股份有限公司的人中，除了有上海商业储蓄银行董事长庄得之、总经理陈光甫，还有时任大华保险股份有限公司总经理潘学安，潘学安同时兼任中国第一信用保险股份有限公司总经理。

中国第一信用保险股份有限公司保单

宝丰保险股份有限公司为中外合资公司，创立于1931年9月，系上海商业储蓄银行与英商太古洋行各出资20万元，其余10万元由受聘担任宝丰保险股份有限公司总经理的夏鹏及申新纱厂荣宗敬等人投资。

宝丰保险股份有限公司保单

"小小银行"的逆袭

上海商业储蓄银行成立于第一次世界大战爆发的第二年，即1915年。"一战"的爆发使列强无暇东顾，因而给中国民族工商业的发展带来前所未有的机遇，并由此催生了更多银行的创设。据统计，1914—1918年，中国新成立的银行多达35家。上海商业储蓄银行也是在此背景下应运而生的。

虽然其额定资本只有区区10万元，直到

上海商业储蓄银行创立地址（宁波路9号）

1915年6月正式营业时才勉强收足，开业时也只有7名行员，因此，上海商业储蓄银行被称为"小小银行"。

创业之初，除董事长庄得之、总经理陈光甫外，其余董事均是庄、陈两人凭个人关系拉来做投资人的。由此可见，当时并没有多少人看好这家新创办的银行。但令人意想不到的是，这个开业当年年底存款总额仅为57万元的"小小银行"，到了1926年，其存款总额竟已高达3244万元，12年间增加了56倍。

这一成绩的取得，主要得益于它的两项独特吸储措施。首先是降低储蓄门槛：一元即可开设账户。它虽被同行嘲笑，却深受广大下层劳动者普遍欢迎。由于这些小额存款很少支取，从而逐渐形成巨大的现金流。数年后，小额储蓄风靡上海滩。其次是创新金融产品。通过开办"礼仪储蓄""教育储蓄""零存整取"等多种业务，广泛吸储。尤其是1924年推出的面额为1元、2元、4元、10元的"礼券储金"，客户既可以凭券兑付应得本息，还能转为上海商业储蓄银行的其他种类定期存款，甚至可以在各大百货公司购物时用于结账。

到了20世纪30年代初，上海商业储蓄银行在本地及国内20多个城市设立的分支机构就多达100多个，职工总数2775人，存款总额近2亿元，均居国内私营银行首位。因与浙江兴业

上海商业储蓄银行
银元肆元礼券

银行、浙江实业银行均为江浙籍银行家创办，总部同在上海，因此被统称为"南三行"。

创办首家旅行社

陈光甫在旅行途中亲眼目睹及亲身经历后，决定效法美国各大银行的做法，在银行内开设旅行部，以代售火车客票、办理旅行业务。经北洋政府交通部批准，上海商业储蓄银行旅行部于1923年8月15日正式成立。后因业务逐渐增多，于1924年1月6日，从最初的宁波路9号旧址搬至四川路420号，开始独立经营。1927年6月1日，旅行部正式改组为中国旅行社，并于1929年正式创办。

上海商业储蓄银行旅行部

1930年12月，陈光甫在徐州分社视察，因发现旅行社接待的部分低端旅客在住宿、餐饮方面缺少相应的服务，于是萌生了开办招待所的想法。1931年7月，他在赴日出席运输会议后，回国途经沈阳时，见沈阳分社内部空间宽大，遂建议布置客房数间，配以干净被褥，因之受到旅客好评。同年冬天，中国旅行社徐州分社正式开办"招待所"。

带五角星LOGO的中国旅行社大门

1928年11月，中国旅行社与当时世界上最大的旅行公司——英商通济隆公司订立专约，进一步拓展前往欧美旅行市场。此外，经过协商，中国旅行社还代售大英、北德等著名邮船公司经营的环球旅行豪华邮轮客票。

然而，陈光甫在开拓旅游业的同时，也在

上海商业储蓄银行、宝丰保险股份有限公司、中国旅行社日历广告

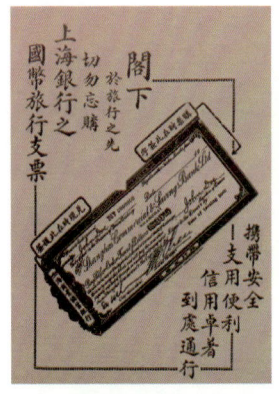

意图助推上海商业储蓄银行的发展。

就在旅行部成立的第二年,便依托上海银行推出了英文旅行支票,后于1931年推出了国内旅行支票。持此支票的人不仅可以到国内许多名胜景点游玩,甚至还可前往部分海外城市,并在这些地方兑换现金,从而进一步增加了上海银行的资金融通。

开办旅行社后,每当陈光甫计划在某地银行设立分支机构时,先由旅行社以开辟旅游景点为名设立办事处。一旦条件允许,并与银行建立了一定的人脉关系,便可设立上海银行分理处或分行。

上海最早的信托活动

在完整的金融业务中,除了银行和保险,还有信托。

现代信托肇始于英国,后盛行于美国。创刊于1917年5月的《银行周报》,在其第一卷第24至第28期即分五次刊登了《美国之信托事业》,较为详细地介绍了美国信托业的发展历史,并对信托做了简要的解释。然而,早在1915年上海商业储蓄银行成立初期,在其制定的银行章程草案中,即已写明要成立信托部,但该草案并未呈请财政部、农商部立案。

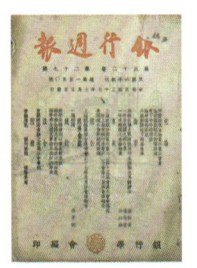

1917年,上海商业储蓄银行成立保管部,设置木质保管箱140余个,后逐年添置钢质保险箱至1142个。1921年,根据财政部、农商部

的批文，上海商业储蓄银行改保管部为信托部，从事代客买卖证券、代收房租、代收证券股息等业务，与此同时，出具商业上的保证书等业务也开始办理。

上海商业储蓄银行早已洞察到市场上对保险箱业务的需求量很大，于是在筹建宁波路50号新大楼时，特别在地下设计了一个巨大的保险箱库。整个库房四壁采用18寸厚的钢板，库门亦为纯钢制成，重达15吨，内部共设有6300个保险箱。

上海商业储蓄银行保险箱招租广告

1931年6月22日7时15分，陈光甫带领400多人步行前往新大楼。入驻新址的仪式就是如此朴实无华，未邀请任何名人莅临。一年后的9月，保险箱已全部出租，新租户若想租用保险箱，需预约登记，只有等到有老用户退租才能租到。

上海商业储蓄银行营业大厅

> 就在1921年的夏秋之间，上海骤然新增了10余家信托公司。由此引发了近代史上一场影响巨大的金融风潮。

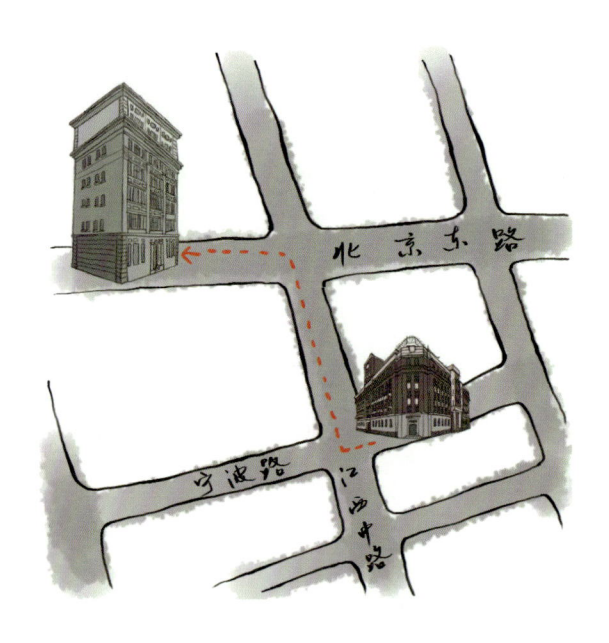

从大华保险股份有限公司旧址向西北步行约250米，我们即可抵达下一站——中一信托公司旧址。

信托及信托公司

原始信托起源于数千年前古埃及的"遗嘱托孤"。"信托"一词源自《罗马法》中的"信托遗赠制度"。

现代信托则是由英国衡平法发展而来的一种财产制度。

经营信托业务的金融机构,主要业务包括执行委托(如代管财产、执行遗嘱)和代理(如代发股票、公司债券,开办租赁)两方面。有的也兼营存款、贷款等银行业务。中华人民共和国成立后,信托公司同私营银行、钱庄一起实行全行业公私合营,组成公私合营银行。

1979年10月,中国国际信托投资公司成立,成为改革开放后成立的第一家信托投资公司。

第三章

初创时期的信托公司

中一大楼

中一大楼旧影

被迫更名的信托公司
📍北京东路 270 号

在北京东路上，位于盐业银行大楼和四明银行大楼中间的"中一大楼"，是一座介于新古典主义风格和近现代主义风格之间的建筑。说它是新古典主义风格，最显著的特征便是大门口的两根变形的爱奥尼柱，其次是南面各楼层窗户间的浮雕装饰。这些浮雕并不显眼，因此远远望去，除了大门的柱子，整个建筑由简洁的几何形状构成，展现出其近现代主义风格。这种风格恰好与20世纪20年代后新古典主义风格建筑逐渐式微、近现代主义风格建筑兴起的趋势相吻合。

中一大楼的爱奥尼柱

中一大楼窗户间的浮雕装饰

从"中央"到"中一"

中一大楼原业主为中央信托有限公司。该公司成立于1921年6月。就在它成立前的5月，上海出现开办交易所的热潮，由此也带来了对投资代理机构的迫切需求。5～7月间突然出现了12家华商信托公司。

当年的11月开始爆发"信交风潮"，延续至1922年的4月，十余家信托公司中只有中央和通易两家信托公司得以幸存。这是因为其他信托公司的唯一业务就是与交易所联手从事股票投机。而中央信托有限公司成立之初即设有信托、银行、储蓄、保险四部。田祈原、田时霖、宋汉章、王晓籁等46个发起人,都是来自钱庄、银行的金融专业人士,因其中绝大多数来自绍兴及其所辖的上虞、余姚、嵊县等地,他们也被称为绍帮。创业之初,额定资本1200万元,实收300万元。其投资规模为当时信托公司之最。

"信交风潮"无论是对投机者,还是投资者,都是一次重创。此后6年间再无新创建的信托公司,直到1928年国安信托公司成立后,一些新的信托公司才陆续诞生。

1935年10月1日,由当时的"中央银行"斥资1000万元创办的"中央信托局",在上海(汉口路126号)开业。"中央信托局"的成立,旨在管理和扶助信托业的发展,并服务于政府采购物品以及吸收特殊储蓄等。为避免公众产生误会,南京国民政府财政部指令中央信托有限公司改名。1936年1月1日,经股东会议讨论通过,更名为"中一信托有限公司"。其前身中央信托有限公司于1924年建造的这幢五层大楼

中央信托局第壹期、投资信托证券(1944年)

也因此更名为"中一大楼"（20 世纪 90 年代又加盖两层）。

曾经作为复旦校舍的岁月

1937 年 8 月 13 日，淞沪抗战爆发，正在徐家汇复旦大学中学部上课的复旦大学暑期学校被迫停办。此时，距离中学部大楼落成刚刚过去 3 年。

早在 1917 年，复旦公学更名为私立复旦大学后，即分设大学部和中学部。其中，大学部于 1922 年迁往江湾，中学部则留在曾经是李公祠（李鸿章祠堂）的旧址。但是由于中学部人才辈出，声誉远播，生源不扩大，祠堂改设的旧校舍已不敷使用。在时任中学部主任殷以文的建议下，经复旦校董会同意，于 1930 年 1 月首次发行建筑债券，募集资金兴建新的中学部教学大楼和宿舍。其间又因 1932 年"一·二八"事变后，上海建筑材料等费用上涨，中学部原有预算不足，遂于 1933 年 1 月、6 月连续追加发行第二次和第三次债券，中学部建筑于 1934 年竣工。该建筑面积 1644 平方米，为欧式建筑风格。

1937 年 9 月初，开学在即，战事持续。于

复旦大学中学部第三次建筑债券（1933 年）

旧明信片中的上海李公祠复旦大学中学部曾设在其中

1937年复旦大学被日军占领

李登辉
（复旦大学第二任校长）

是有部分教职员建议复旦大学在刚刚建成3年的附中新校舍开学，但因战争导致学生到校人数极少而作罢。

10月24日晨，日军占领复旦大学。此时的复旦大学女生宿舍、体育馆、第二宿舍等建筑已因战争被毁。复旦遂分为两部，校长吴南轩率领一部，经庐山辗转至重庆北碚夏坝，老校长李登辉率领一部留在上海，并在校友的协助下，租借英租界内中一大楼四楼、五楼作为临时校舍。1938年2月23日复课，共有教员44人，学生410人。当年暑假，留在上海的复旦大学学生中有55名学生毕业。

复课之初，李校长公开宣布办学原则：一不向敌伪注册；二不受敌伪补助；三不受敌伪干涉。否则宁可停办。

同年8月，复旦大学新生日益增多，中一大楼内所租校舍不足，遂迁出。几经周折，于年底租下赫德路（今常德路）574号作为校舍，直至抗战胜利。

与此同时，因日军占领南通而停课的南通中学，奉当时江苏省教育厅命令，迁入中一大楼四楼复课。

1946年5月，上海市信托商业同业公会成立后，其办公地点也设在中一大楼内。

曾代理公司债发行的董事

代理发行或承募公债、库券、公司债及股

第三章 初创时期的信托公司

票是信托业务之一。1921年春,时任"中国银行"副总裁的张公权(张嘉璈),在考察了因水灾致棉田尽淹、债台高筑的通泰五家公司后,为帮助其走出困境,支持民族纺织工业的发展,决定组织银团,"经募"该五家公司债票。

该五家公司是近代著名实业家张謇在创办大生纱厂、通海垦牧公司后,与其兄妹在通泰一带设立的大有晋、大豫、大赉、大丰、华成等五家盐垦公司。

由当时中国著名的新式银行及有实力的钱庄组成的"通泰五公司债票银团"商议后,决定发行年息8厘的公司债票500万元,设立偿债基金,以各公司未分地的五分之三作担保,如有不足,则以已分地收入补足。公司所有款项收入,至少应以半数分存银行团内各行,以确保公司债票的还本付息。后经"五公司"董事会、股东会及董事联

张謇

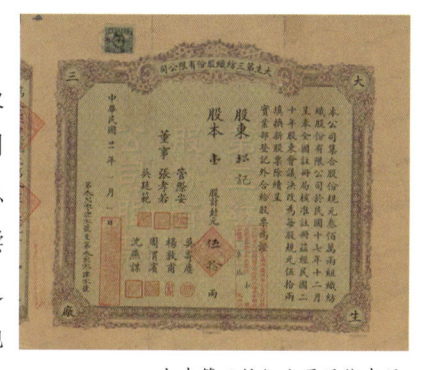

大生第三纺织公司股份有限公司股票(1932年)

大有晋盐垦公司

合会议案通过。

1921年7月1日，由银行业代表宋汉章（时任"中国银行"上海分行经理）、钱业代表田祁原（时任永丰钱庄经理、上海钱业公会副会长）与"五公司"董事会代表在上海正式签订债票合同。第一期正式发行通泰五公司债票300万元，此次银团成为通泰五公司债票受托发行者、监督者和主要债权人。债票中由银团认购一半，向社会公开销售一半。其中由银团中各银行认购120万元，钱业公司认购30万元。

位于宁波路276号的上海钱业公会大楼

同年8月6日，银团在上海银行公会正式成立，并选举董事9人，主持银团一切事务。9日召开董事会，推举时任银行公会会长的盛竹书为银团主席，推举宋汉章、田祁原作为银团代表，会同"五公司"代表在公司债票上签字。

而此时的宋汉章和田祁原还是刚刚成立不久的中央信托公司的董事。

曾支持工人运动的董事

1927年3月中旬，随着北伐军进逼上海，中共上海区委决定发动上海工人第三次武装起义。3月21日中午12时，上海总工会发布总同盟罢工令，全市80万名工人实现了总罢工，并

上海工人第三次武装起义

第三章 初创时期的信托公司

上海工人第三次武装起义胜利后，1927年3月23日，上海特别临时市政府召开第一次执行委员常务会议时合影。前排右起：汪寿华（共产党员）、杨杏佛、王晓籁、罗亦农（共产党员）、王景云、何洛。后排右起：王汉良、丁晓先、郑毓秀（女）、顾顺章（共产党员，后叛变）、侯绍裘（共产党员）、林钧（共产党员）

立即转入武装起义，租界里的中国工人也集合到华界参加起义。22日6时许攻克敌人的全部据点，占领了上海，取得上海工人第三次武装起义的胜利。

时任中央信托有限公司董事的王晓籁因策动闸北保卫团响应了此次工人武装起义，起义胜利后，被工人们推选为"上海特别临时市政府"委员，后成为临时市政府主席。

1950年，身居香港的王晓籁在接到宋庆龄亲笔信后，回到内地，受到毛泽东主席和周恩来总理的亲切接见和宴请。其后担任中国人民银行总行代表。

王晓籁

1944年10月，上海汪伪政府增资中储券900万元，改中一信托有限公司为中一信托银行。1946年，"中一"恢复原名，7月增资6000万元，改选王晓籁为董事长，并按当时法令，撤销其保险业务。同年，王晓籁还被推举为通易信托股份有限公司董事长。

在经历"信交风潮"后存留下来的两家信托公司中,除了中一信托公司,另一家信托公司也在北京东路上。

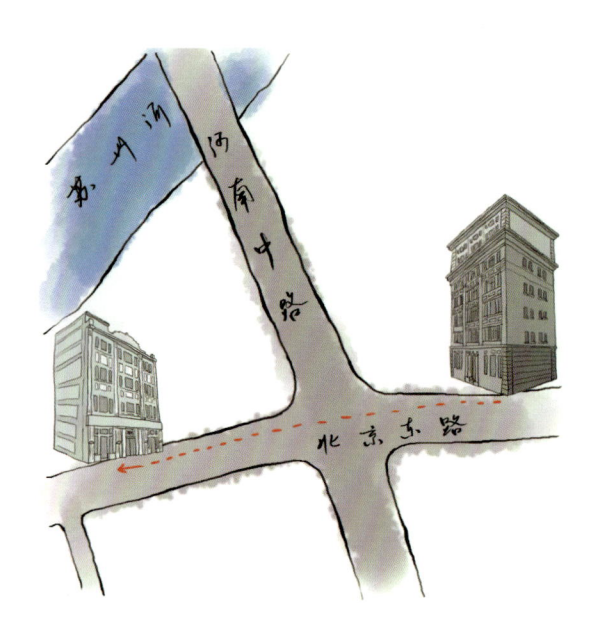

从中一信托有限公司旧址沿北京东路向西步行约240米,我们即可抵达下一站——通易信托公司旧址。

公司债券

公司债券是公司依法定程序发行、约定在一定期限还本付息的债务凭证。发行主体通常是股份公司。有些国家也允许非股份制企业发行债券,统称公司(企业)债券。

中国最早出现的公司债券是上海大英自来火房(煤气公司)为解其债务危机而于1866年发行的。迄今已知最早的华商公司债券是(天津)启新洋灰公司于1913年发行的,其目的是挽救当年接管的、濒于破产的湖北水泥厂。

改革开放后最早的企业债券是沈阳市房地产开发公司于1985年5月14日发行的五年期债券。1987年,国务院发布《企业债券管理暂行条例》。1993年,由于企业债券扩张带来一些潜在的金融风险,《企业债券管理条例》发布,企业债券发行进入规范发展阶段。

通易信托股份有限公司旧址
（永华大楼）

从贸易改做信托的公司

北京东路 384 号

北京东路上的这座白色水泥外立面建筑，与中一大楼同属于近现代主义风格与新古典主义风格相结合的建筑类型。其新古典主义特征最为明显的是，位于大门两侧的四根古罗马多立克柱式。对于新古典主义风格建筑来说，贯穿二楼到四楼之间的"三纵"隔断，通常为古典圆柱。但在这座建筑上，却做了扁平化的方柱处理。而与其对应的一楼的古希腊多立克柱，却在其一半的位置做了一个斜切的截断，但柱的凹槽却沿着墙立面一直延续到地面。此种样式，在上海老建筑中或许也是绝无仅有的。

通易信托公司因扩大营业之需，于 1925 年建造了这座永华大楼。

通易信托股份有限公司旧影

"通易信托公司"遗痕

通易信托公司的创办

1921 年 6 月，通易公司改组成立通易信托股份有限公司，额定资本 250 万元，当月上旬即收足股款，并于 7 月 10 日正式成立。

关于它的来源，历来就有两种不同的说法。

说法一：源自董事长兼总经理黄溯初五弟

黄溯初

黄梅初与温州同乡创办的通易商号。该商号主要经营进出口贸易。后因黄梅初在普济轮海难中罹难，黄溯初遂接管通易商号。在其后的逐渐壮大发展后，转而经营信托业务。

说法二：源自黄溯初与范季美主办的无限责任公司——通易公司，主要经营棉花。1916年，该公司改组为两合公司，资本额为10万元，其中无限责任股东是黄溯初、范季美、邓君翔三人。随着公司的发展，创办人开始把关注的重心移向金融，进而扩充资本，并改组成立信托公司。

这两种说法究竟哪个是对的，已无从考证。但它们都说明了一点，那就是，通易信托股份有限公司（简称通易信托公司）并非是独创的新公司，而是从做贸易的公司改组而来的。

成立之初的通易信托公司仅设银行、信托两个部门，第二年增设储蓄部及房地产相关业务。后又开办"妇女储蓄处"，附设金银珠宝饰物押款处，专门为女顾客提供金融服务。1926年，通易信托公司储蓄业务增长快速，全年存款额竟高达500万元。另据通易信托公司

通易信托股份有限公司股票
（1935年）

通易信托公司广告

资产负债表显示，其1926年时的资产总额已高达718万元，比1922年的183万元增加了近4倍。

但是令时人感到意外的是，1935年冬，通易信托公司却突然对外宣布破产。其中的原因也是众说纷纭。其中，最为通行的说法是，通易信托股份有限公司的倒闭源自1934年7月国民政府颁布实施的《储蓄银行法》。其中要求储蓄银行及经营储蓄业务的公司将存款总额的四分之一交给"中央银行"作为保证金。正是这一规定使得公司陷入债务危机。黄溯初为此避走日本。

公司常务董事郭虞裳和徐寄庼试图根据"破产法"中的有关规定，通过调停使公司得以复业。于是特邀郭虞裳连襟的弟弟陈志皋律师担任董监事会代表，出面办理调停事宜。

拯救通易信托公司的人

根据当时"破产法"的有关规定，必须有四分之三的债权人出席，并获得掌握四分之三以上的债权额者同意才能通过复业决议。据此，陈志皋等人曾多次召集债权人开会，但分散在苏州、南京、杭州、北平等地的许多小债权人，因担心会开不成而白花路费，所以持续一年多，却始终不能召集到四分之三以上的债权人与会。

此时，陈志皋的妻子、身为地下党的黄慕兰建议派人分别到各地登门拜访，争取债权人的同意。随后，黄慕兰带着两个女秘书亲自前

通易信托公司
房屋造型储金盒礼品

徐寄庼

黄慕兰

黄慕兰、陈志皋结婚照

通易信托股份有限公司股票
（1938年）

往北平试行此法。黄慕兰先是找到三位大债权人，带去的条件是发给等额的无利券和公司股票。在得到大债权人的支持，在调停方案可决票上签字，并签署委托书后，黄的随行秘书又分别前往拜访小债权人，承诺对于百把块钱的小债权人，可一次性现金清偿。

北平之行成功后，陈志皋如法炮制，分别派人去其他几处分公司拜访债权人，并请虞洽卿、杜月笙、王晓籁等人作为公司复业的担保人。最后又通过陈志皋好友林庚白在立法院的帮忙，将原"破产法"中的双"四分之三"的规定改为只要获得过半数以上债权人的同意即可复业。

通易信托公司复业后，新董监事会人选按比例分配。其中，参加调停复业的有关人员占三分之一，陈志皋因此担任董事会秘书长，黄慕兰则当选为通易信托公司常务董事兼副总经理。自此以后，通易信托公司成了中共党组织

的一个秘密联络点，许多重要文件，如瞿秋白的书信、方志敏的日记等，都通过存放在通易信托公司的保险箱中得以保护下来。同时，它也为支持党的地下交通工作开展活动和党所领导的进步事业周转资金提供了帮助。

另外，根据《黄慕兰自传》记述，通易信托公司破产是因黄董事长在交易所做投机生意失利，叠加其所支持的民社党所办《时事新报》亏损导致。

通易信托股份有限公司无利债券（1941年）

《时事新报》

信托业的交流平台

就在通易信托公司成立10年后的1932年1月1日，在黄溯初的倡导下，上海11家信托公司和银行信托部共同组成了"上海信托业同人叙餐会"。会员以公司为单位，每月聚餐一次，各公司派代表参加。

"叙餐会"实际上相当于非正式的行业自律组织。根据"叙餐会"章程中的第二条规定，其主要活动内容包括：发行定期及不定期刊物；举办公开演讲即刊登联合广告；研究信托法理；讨论实务兴革事项；办理其他信托业有关事项。其后又先后成立3个委员会，即信托法规研究委员会（1933年11月）、宣传委员会（1934年12月）、信托实务研究委员会（1935年7月）。

鉴于当时信托业没有相关法律，信托法规研究委员会曾拟就信托法和信托公司法，于1936年3月交给当时的南京国民政府参考。宣

传委员会则于 1936 年创办了《信托季刊》。

每个月的聚餐活动也成了信托从业人员相互交流、沟通感情的机会。黄溯初、麦佐衡、章乃器等人都曾在会上做过金融专题演讲。

每月一次的"叙餐会"持续进行，从未间断。到了 1945 年，会员单位已达 63 家。为了能以正式商业团队的名义与政府及相关机构交涉，遂在此基础上，于 1946 年 3 月筹备设立上海市信托商业同业公会。同年 5 月正式成立。

《信托季刊》

热心文教公益事业

虽然黄溯初黯然离开了信托业，并于抗战胜利前夕的 1945 年 4 月病逝于重庆，但是他造福乡里的文教公益事业一直影响至今。

早在 1921 年，黄溯初在其父亲的支持下，将为父亲祝寿的钱用在平阳老家郑楼兴办小学，并实行免费入学。教学中加入了育蚕养鸡、栽种果树等实用课程，使学生能有一技之长。

1933 年，浙江省教育厅根据当时教育部的有关规定，计划在温州、台州、丽水所属的瓯海道设置省立师范学校，但经费缺乏，地址未定。在上海的黄溯初听说此事后，表示愿意捐出郑楼小学校址，并让郑楼小学附属师范学校。后经省教育厅督学考察，认为地点适宜、环境优美、校舍宏大，完全可以改建成师范学校。同年 9 月，师范学校即开始招生上课。

温州师范学校

黄溯初还曾资助过一批温州学子出国深造。

中国现代外科先驱张鋆、银行家周守良便是其中的杰出代表。

始于学生时代的藏书兴趣，黄溯初在日积月累中收藏了温州先贤遗作达 400 多种。1928 年至 1935 年，他聘请地方名士刘景晨、刘绍宽编校乡邦文献，七年间刊印 38 部 298 卷。他还将这部备受梁启超、蔡元培、胡适等人推崇的《敬乡楼丛书》分赠给国内外各大图书馆收藏，以便永久保存。

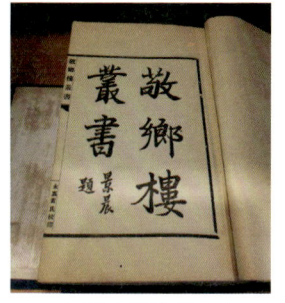

《敬乡楼丛书》

1918 年，黄溯初与吴璧华、潘宗鉴等人捐款及募集资金创建了第一所温州人自己的西医院——瓯海医院。院长是曾在军队做军医的平阳人杨玉生。医院还从杭州聘请了 8 位名医。创办第二年的秋天，恰逢霍乱流行，因医院治愈率高而名声大振。1920 年，医院扩建，黄溯初与父亲带头捐出 4800 元大洋，受此影响，其他乡贤也纷纷捐款，再加上政府拨款，共筹集 19000 元大洋。1922 年 6 月竣工后，黄溯初再次将为父亲祝寿的 3700 元大洋捐出，用来购置医疗器械。

瓯海医院远眺

与黄溯初共同创办通易信托公司的范季美，还在 1920 年参与发起成立了华商证券交易所，并被推举为理事长。华商证券交易所也是抗战胜利后重新成立的原上海证券交易所的前身。

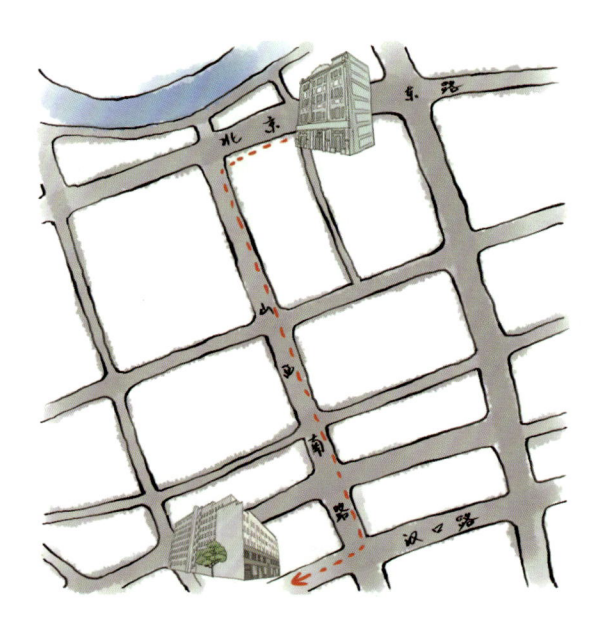

从通易信托公司旧址向南步行约 790 米，我们即可抵达下一站——原上海证券交易所旧址。

民十信交风潮

从 1921 年 5 月起，新设交易所逐月增多。数月间，仅上海一地就增至 136 家，天津、广州、汉口等多地也相继跟进。迅速膨胀的市场并没有多少股票、物品可供交易，因此，炒作之风盛行。例如，交易所之间炒作对方股票，甚至违反《证券交易所法》，直接在交易所交易自身股票，也有交易所与信托公司合谋，一面以信托公司的股票作投机交易，一面用交易所股票作抵押从各信托公司借款。信托公司与交易所于数月间吸收的资本总额竟远高于全国银行总资本。同年冬，依传统习俗要在春节前结清旧账，而这导致市面上资金吃紧。银行、钱庄为避风险，纷纷收紧或停止放贷，使投机者借贷无门，第二年，信托公司、交易所大量倒闭。因风潮始于民国十年（1921 年），也称"民十信交风潮"。

第四章

历经风潮的交易所

上海证券大楼

第四章 历经风潮的交易所

几经变迁的证券交易所
📍 汉口路 422 号

从外立面简洁的几何造型来看，这座建筑更倾向于现代主义风格。但从老照片看，各楼层窗户间的墙面、圆柱底端，以及黑漆大门上装饰的中国传统回形纹样，大门的圆形门钉，这些元素又与现代风格建筑相背。因此，这幢证券大楼是无法简单地归为某个特定的风格或派别。大楼的设计师陆谦受、吴景奇在《我们的主张》中直截了当地阐明了他们的设计理念："我们认为派别是无关紧要的。"他们的主张是：实用的需要、时代的背景、美术的原理和文化的精神。

证券大楼模型

大门上的回形纹样和门钉

由于这座建筑的南北分别临近汉口路和九江路的路边，过高的建筑可能会使行人产生一种压迫感，可是办公还需要更大的空间，设计师将南北临街部分设计为五层，中间为八层，这样既增强了它的实用性，整体上所呈现的阶梯变化也使其富于美感。此外，20世纪20年代后，近现代主义风格的建筑已在上海兴起，这座建于1932年至1934年的建筑采用如此简洁的设计也是有其时代根源的。

作为留学英国回来的设计师，陆谦受在这个早期设计中采用中国元素，想必只是融合中国传统文化的一次尝试。其后，在设计外滩23号"中国银行"新大楼时，已变得炉火纯青。

封闭旧上海证券大楼

上海华商证券交易所进驻汉口路新大楼办公仅三年，便因抗日战争全面爆发而奉命停业。受此影响，公债市场陷入停顿，私下交易在大楼走廊上进行。

上海华商证券交易所证券大楼1931年9月奠基留影

1943年9月29日，已停业的上海华商证券交易所，在汪伪政府财政部和实业部命令下宣布复业。1945年8月15日，日本宣布无条件投降，伪上海华商证券交易所于8月18日宣布停业解散。

1946年5月，国民政府行政院为促进战后经济复苏、引导社会游资，训令筹设"上海证券交易所"。同年9月9日，"上海证券交易所"在原上海华商证券交易所大楼开幕，16日正式营业。"上海证券交易所"额定资本为法币10亿元，前上海华商证券交易所股东认缴60%，其余40%由"中国银行""交通银行""中

上海证券交易所交易大厅

国农民银行"及"中央信托局""中央邮政储金局"认购。

1948年，随着国民党军队在解放战争战场上节节败退，市场上大量资金出逃。"上海证券交易所"已无力支撑，遂于1949年5月5日宣告停业。而通货膨胀导致黄金、银元、美钞的黑市交易异常火爆。

1949年5月27日上海解放。但市场上"黄白绿"（黄金、白银、美钞）的投机炒作仍未停止，严重扰乱了金融秩序，成为物价继续飞涨的推手，同时也使新成立的上海市政府投放的人民币无法在市场上站稳脚跟。为此，陈毅市长等领导及《解放日报》接连发出警告，但对投机商影响甚微。6月10日，上海军管会派遣部队果断查封旧上海证券大楼，将楼内人员全部控制，经甄别后，除200余名奸商、特务外，其余人经教育后放行。

上海证券交易所年报（1947年）

封闭旧上海证券大楼

上海证券交易溯源

上海股份公所成立于1891年。1905年，上海股份公所按照英国公司法的相关规定，在香港注册成为有限责任公司，同时更名为上海

上海众业公所

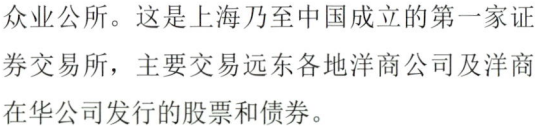

众业公所。这是上海乃至中国成立的第一家证券交易所,主要交易远东各地洋商公司及洋商在华公司发行的股票和债券。

1872年,轮船招商局首次发行股票。1881年至1882年,中国的股份制企业数量及购买股票的人数都出现急剧增加。同年10月24日,中国第一家专门从事中国股票交易的华商机构——上海平准股票公司应运而生。

《旧上海的证券交易所》中收录的《上海平准股票公司叙及章程》

尽管上海平准股票公司在一年多后的上海金融风潮中倒闭,但股票交易市场的大门并未因此而关闭。其后,梁启超曾倡议组织"股份懋迁公司",影响深远,他让更多的国人了解了股份公司的意义和现代化企业组织的重要性。

在接下来的一段时间里,一些以股票交易为副业的人经常聚集在茶楼交易。中华民国成立前夕,上海已经形成了以大新街、福州路转角的荟芳楼为中心的证券交易市场,被称为"茶会"。

20世纪初上海福州路的茶楼

中华民国成立后的1914年,由华商股票经纪人自发组织的交易机构"上海股票商业公会"正式成立。初始会员只有13家,会所设在九江路渭水坊。其内部附设有股票买卖场所。

交易所内热烈的交易场景

制度形式还像茶会时一样，备茶备水供会员饮用。各项设施随着时间推移逐渐完备，交易品种也由股票、证券，扩展到储蓄票、印花税票、卢布票等杂券，可谓盛极一时。

同年12月，在时任农商总长张謇的主持下，中国第一部《证券交易所法》正式实施，由此掀起各大都市创办交易所的热潮。

证券交易所间的角逐

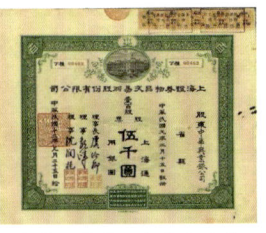

1916年冬，为了不让洋商尽占中国证券市场，同时也为筹措革命经费，孙中山联络上海商界名人虞洽卿等人创办"上海交易所"。筹备处就设在四明银楼。第二年，孙中山、虞洽卿、张静江、戴季陶等九人联署呈请创办交易所的报告，并由戴季陶连夜乘车赴京，直接递交农商部。报告中所列交易业务，除证券外，还有花纱、金银、杂粮、皮毛等。可是，北洋政府农商部早在1914年12月29日颁布的《证券交易所法》中已明确规定，从事证券交易的，不能兼做物品交易。因此只批准了证券部分"先行备案"。

上海证券物品交易所股份有限公司股票（1920年）

其后两年间，"上海交易所"因证券、物品两项分办或合办问题没有得到解决，而处于停顿状态。1918年，北京证券交易所的突然开业，给上海工商业带来极大的震动，促使虞洽卿联络各方人士加速与北京农商部沟通，最终获得批准。但批文中要求证券、物品、金银三

位于四川中路1号的上海证券物品交易所

上海证券物品交易所广告

上海华商证券交易所广告

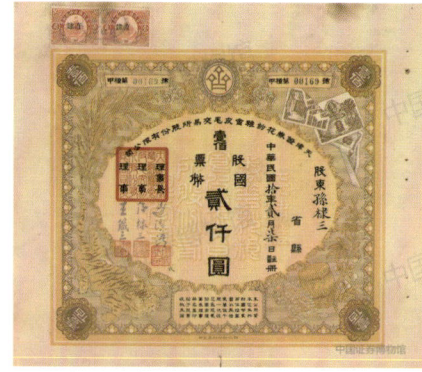

天津证券花纱粮食皮毛交易所股份有限公司股票（1921年）

项业务必须分为三个交易所经营。不过，仅过了一年，1919年，农商部规定，除金业、股票外，其余物品均可合办交易，并准许"先行开办"。虞洽卿借机更改章程，并将原来的"上海交易所"更名为"上海证券物品交易所"，继续向农商部申请注册。但农商部不仅不同意更名，还明令修改章程中营业种类，将证券与金银分开交易。

1920年7月1日，上海证券物品交易所开幕。对外经营种类，除有价证券外，还包括棉花、棉纱、金银、粮油等。可是，直到这个时候，上海证券物品交易所还未能取得营业执照。

与此同时，以范季美为首的上海股票商业公会也开始加紧上海华商证券交易所的注册申请，并在未取得营业执照的情况下，于1920年5月20日，在汉口路会所召开成立大会，通过交易所章程，选举范季美为首任理事长。

双方动用各种社会关系展开了一场争夺经营权的暗战。直到1921年的5月和7月，上海华商证券交易所和上海证券物品交易所才分别拿到执照，交易所间的角逐才算告一段落。

风潮过后的交易所

上海证券物品交易所开办不到半年，盈余

即高达50余万元。巨额的利润吸引了众多投机者投身其中。1921年夏秋之际,中国交易所无序发展达到顶峰,仅上海一地便有140余家。汉口、天津、广州、南京、苏州、宁波等地也争相跟进。

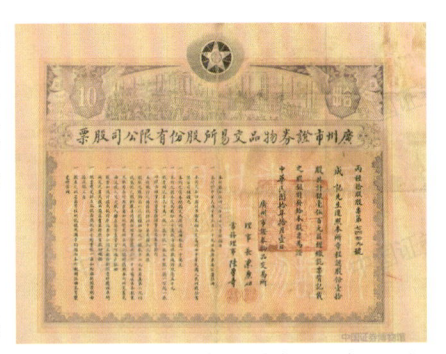

随后,便是前文所述的"民十信交风潮"。风潮过后,上海一地只留下了成立较早、经营比较规范的上海证券物品交易所、上海华商证券交易所、上海杂粮油饼交易所、上海华商纱布交易所、中国机制面粉上海交易所和上海金业交易所这6家。这次风潮重创了中国近代证券市场。

广州市证券物品交易所股份有限公司股票(1921年)

尽管上海证券物品交易所凭借其雄厚的资金实力和虞洽卿的高明应对挺过了风潮,但因其违法买卖的丑闻频频被曝光,信用尽失,而退到了证券交易行业的末位。其主要竞争对手上海华商证券交易所也损失惨重,范季美引咎辞去理事长职务。

上海杂粮油饼交易所股份有限公司股票(1931年)

1929年10月3日,南京国民政府颁布新的《证券交易所法》。根据相关规定,并经过艰难谈判,1933年至1934年,上海证券物品交易所中的证券部并入"华商所"、金银部并入"金交所"。上海证券物品交易所自此退出历史舞台。

在上海华商纱布交易所和中国机制面粉上海交易所的发起人中，有一个共同的名字——荣敬宗。在荣氏家族投资的实业中，纺织和面粉占据了主要地位。

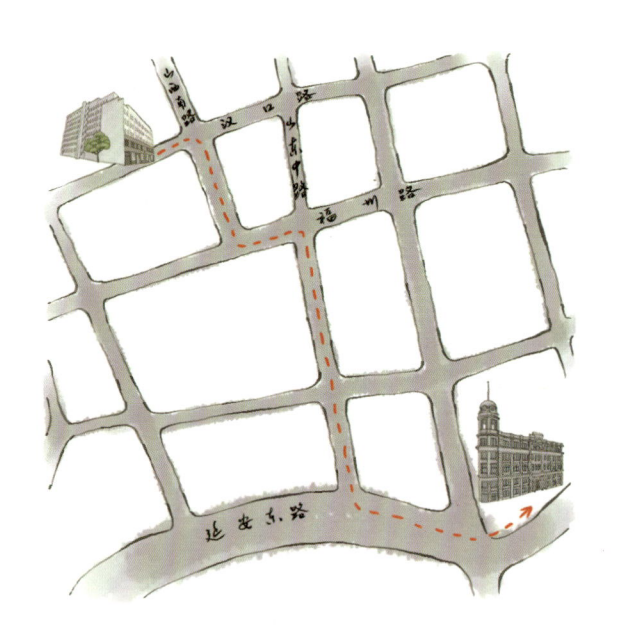

从上海证券大楼旧址向东南步行约920米，我们即可抵达下一站——上海华商纱布交易所旧址。

证券和证券交易所

证券是以证明或设定权利为目的而制作的凭证。它包括表示商品所有权的证券，如表示财产所有权、收益请求权或债权的股票、公债等。

公债是指公共部门举借的债务。国债，即国家公债，是指一国中央政府举借的债务。16世纪，奥地利的哈布斯堡国王为了筹措战争经费，将用于偿还本息的税收权转移给了其领地的荷兰联邦议会。对于债权人来说，议会作为永久性组织，其信誉要高于随时可能更替的国王。由于有税收作为担保，债权人不用担心无法偿还债务。这是世界上最早出现的国债。

证券交易所是证券买卖双方公开交易的场所，是高度组织化、集中进行证券交易的市场。其组织形式主要有公司制和会员制两类。

最早的证券交易所是1613年在荷兰阿姆斯特丹设立的。

上海华商纱布交易所大楼旧影

上海华商纱布交易所大楼

第四章 历经风潮的交易所

纱布交易所与"纱交风潮"
📍 延安东路 260 号

这幢被隐藏在延安东路高架下的折衷主义和新古典主义风格建筑，立面以线脚划分为三段，每段间壁柱上下对齐，呈叠柱式。主入口开间略前出，大门两侧为爱奥尼壁柱。从老照片来看，大门上方原本还有一个由斜拉钢索固定的方形雨搭，但早已拆除。在大门位置对应的五楼有一半圆形券窗，楼顶有古希腊式三角门楣及山花浮雕装饰。西部转角处的楼顶有一穹顶塔楼。

1958 年上海自然博物馆迁入后的大楼全景

1923 年竣工后，上海华商纱布交易所即入驻大楼办公。

纱布、面粉交易所

1918 年 11 月，在华日商筹备了九个月的上海取引所正式开业。其交易标的包括日本帝国公债、水月牌棉纱及通州棉花。

1920 年年初，在上海华商纱厂联合会的一次董事聚会上，穆藕初与荣宗敬、刘柏森等棉纺织业巨擘共同商议，决定设立纱布交易所，以抑制上海取引所，推动民族纺织业的发展。

穆藕初

1921年7月1日，上海华商纱布交易所在爱多亚路（今延安东路）21号举行开业仪式，7日正式营业。该交易所的额定资本为300万元，额定经纪人为180名，第一期实缴资本为150万元。主要业务包括棉花、棉纱、棉布的交易，并同时提供现货、期货两种交易方式。

初创时期，交易较为冷清，棉纱交易多集中于之前成立且影响较大的上海证券物品交易所。"信交风潮"之后，上海证券物品交易所因炒作本所股票而信誉扫地，上海华商纱布交易所因此业务量大增后，又先后兼并了在"信交风潮"中倒闭的棉业交易所和上海证券物品交易所的棉纱业务。此后，上海华商纱布交易所的业务持续增长，1936年至1937年，其棉纱和棉花交易达到鼎盛。

就在上海华商纱布交易所成立前，荣宗敬（福新面粉厂）与宁钰亭（阜丰面粉厂）、顾馨一（申大面粉厂）等人发起成立的中国机制面粉上海交易所已于1920年3月1日开业。它是上海最早的期货交易所，地址设在民国路（今人民路新开河附近）249号。它是在上海机器面粉公会贸易所基础上改组成立的。开业前，

上海华商纱布交易所股份有限公司股票（1937年）

荣宗敬

阜丰机器面粉股份有限公司股票（1920年）

该交易所已试运行了一年,只是未申报注册。

其实,上海的机制面粉交易由来已久。最初(1904年)的面粉交易和股票交易一样也是在茶楼进行,只是茶楼的地点在棋盘街一带。随着面粉厂数量的增加和交易规模的扩大,各面粉厂经理决定由顾馨一负责筹备机器面粉公会,并集资购地建造办公大楼。

中国机制面粉上海交易所成立后,主要从事面粉、麸皮的现货和期货交易。1931年,荣宗敬牵头筹资在面粉交易所原址建造新大楼。在新大楼建造期间,面粉交易所临时迁入上海华商纱布交易所大楼三楼进行交易。新的面粉交易所大楼(即厚德大楼)于1932年6月落成。1937年8月,日军入侵上海。中国机制面粉上海交易所奉租界工部局令停业。

2002年外滩改造时被拆除的厚德大楼旧影

中国机制面粉上海交易所股份有限公司股票(1932年)

荣氏兄弟的实业之路

就在中国机制面粉上海交易所开始试办的1919年,由荣宗敬、荣德生兄弟创办的茂新、福新面粉厂已达12家,其中10家都已投产。而在上海华商纱布交易所开业的1921年,荣氏兄弟所创办的纱厂已有4家,其中3家均已投产。

荣宗敬、荣德生起步于金融业。他们十几岁时,便相继从无锡老家来到上海,先后进入钱庄做学徒。当他们的父亲荣熙泰在上海于

荣德生

1896年与人合开广利钱庄后，兄弟二人便顺理成章地成为广利钱庄的经理和管账。

1900年，荣德生敏锐地捕捉到新的商机，决定在无锡与朱仲甫合作开办保兴面粉厂，荣氏兄弟分别出资3000元，其余招收外股。兄弟俩从此踏上了实业发展之路。

1914年第一次世界大战爆发，欧洲列强因忙于战争及缺乏船只运输，导致对中国出口减少，从而给了中国工商业一个扩大发展的机会。此时正值无锡振新纱厂因内部矛盾拆股，荣氏兄弟及时退出，并以此为契机，于次年10月创立申新纺织公司第一厂。

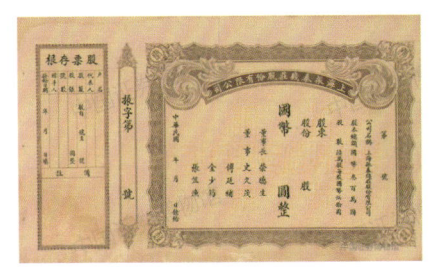

申新纺织公司第七厂

在发展实业的同时，荣氏兄弟并没有放弃金融业的投资。他们先后入股上海商业储蓄银行等多家银行及钱庄。此外，荣氏兄弟还在1916年2月创立振泰钱庄。1928年，荣宗敬还作为实业界代表，担任南京国民政府刚刚成立的"中央银行"的理事。而其中的根源还是为了发展实业。荣宗敬曾表示："我搭上一万股，就可以用银行贷款20万、30万。"

上海振泰钱庄股份有限公司股票（时间不详）

解放前夕，荣氏兄弟旗下已拥有14家面粉厂、15家纺织厂、2家机器厂和1家造纸厂。荣宗敬在其60岁生日时自豪地说："如今的中国人，有一半穿我的，有一半吃我的。"

中国期货交易所溯源

中国的期货交易最早出现于上海的金市。

因《马关条约》(1895年)和《辛丑条约》(1901年)中的巨额战争赔款使白银大量外流，引发金价波动，进而引发黄金频繁交易，并进一步发展成为聚集于仁记路(今滇池路)某固定场所，按一定的交易规则，定期买卖的黄金交易市场。

上海金业交易所广告

及至1905年，黄金从业者为共同的利益，发起成立金业公所。1921年，改组为上海金业交易所。这是上海正式金市交易的开始。所址设在南无锡路和北无锡路之间、名为铸范里的弄堂内。那里的墙角内至今仍然保留着刻有"金业公所界"的石碑。据史料记载，上海黄金交易一开始就效仿英国的空盘交易方式，买卖双方并不当即交割钱款，即今天所说的期货买卖。

金业公所界碑

中国境内最早出现的期货交易所应该是日本在伪满洲国开设的大连取引所，始建于1913年。下设三个交易市场：钱钞取引所、粮食取引所、五品取引所。此后，日本人又于1918年和1920年分别在上海和青岛开设取引所。

大连取引所

就在1914年12月中国第一部《证券交易所法》正式实施后的次年8月1日，由时任哈尔滨海关监督的侯延爽，及清朝执政院议员孟荣升等人发起的"滨江农产品交易信托有限公司"正式成立。该公司主要从事粮食期货交易，注册资金200万卢布，股票以记名方式发行。这是迄今为止已知中国人最早开设的期货交易。

烂尾的"纱交风潮"

纱布交易市场的持续增长吸引了大批投机者。1936年底至1937年上半年，纱布交易所的期货纱价持续上涨，5月底交割时，竟因上海存棉与买卖数量不相等，发生卖方交付不出棉纱的"轧空"事件。随后市场谣言纷起，致使6月初纱价进一步飞涨，连带面粉价也跟着上涨，终致两个交易所停板。

民国时期交易所内场景

"纱交风潮"爆发后，南京国民政府财政部收到交易所监理员报告，认为此事是投机分子造谣、谋利所致，遂责成纱布经纪人聘请虞洽卿、杜镛、王晓籁等人出面调停。随后，主管交易所的实业部也委派政务次长程天固前往上海调查风潮真相。可多头与空头矛盾至深，程天固提出的和解方案未能化解双方僵局。

国民政府实业部总务司发行的《实业公报》（1933年）

其后，有传闻将风潮的操纵者指向税务署署长吴启鼎和苏浙皖统税局局长、盛宣怀七子盛升颐，及其幕后更强大的势力。此时，交易所纱布交易供不应求，但现实中的纱布实物销售却极少成交。对于如此怪异的现象，上海华商纱布交易所经纪人公会呈请实业部，要求政府彻查此事。这也引起南京国民政府高层震怒，并要求财政部扣押此二人。随着调查的扩大，又牵涉到与此二人关系密切的孔祥熙家族等权贵。

鉴于此，实业部于 6 月 17 日拟定《取缔上海纱布交易所投机办法》，并于 7 月 6 日公布。同时，实业部又拟定取缔上海纱布、面粉、杂粮交易所投机办法，意在规范证券交易所的投机活动。该办法公布的第二天，卢沟桥事变爆发，舆论焦点转向抗战。

淞沪抗战战场

法院介入此案后，经三次庭审，于 7 月 30 日，以证据不足、不予起诉为由草草收场。结案 10 多天后淞沪抗战爆发。上海华纱证券交易所奉命停业，此后再未复业。

老地图中的
上海华商纱布交易所

上海不仅是中国共产党的诞生地,也是白区红色金融最活跃的地方。在这个曾经的远东国际金融中心,党所领导的上海地下金融活动从未间断。

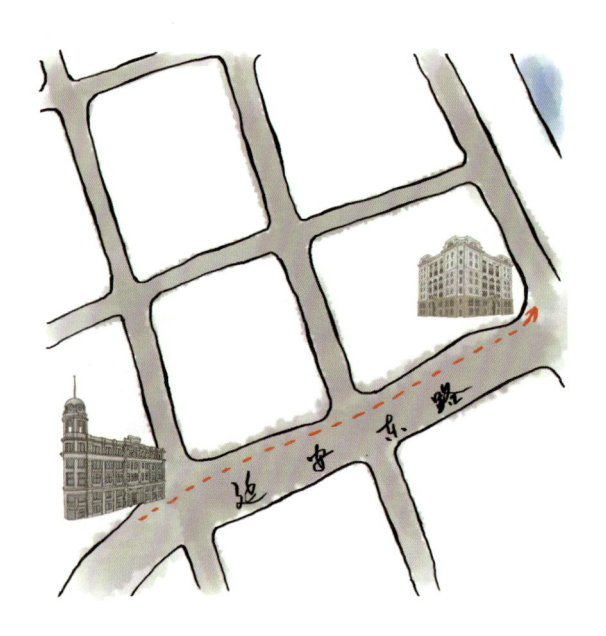

从上海华商纱布交易所大楼旧址向东北步行约570米,我们即可抵达下一站——广大华行的办公旧址。

期货与期货交易所

期货是按双方商定的条件，在将来某个日期交割一定标准数量和质量的商品。

与期货交易相对的是现货交易，即交易契约成立后立即实行交割，或在极短的期限内履行交割的交易方式。

17 世纪，日本大阪的商人们开始交易"堂岛米会所"期货合约。该合约允许商人在未来某个特定日期以预先确定的价格买卖大米，从而有效管理大米价格波动风险。这是世界上最早的标准化期货合约之一。

期货交易所是买卖期货合约的场所，是期货市场的核心。

1848 年，美国芝加哥期货交易所的成立，标志着现代期货市场的诞生。

第五章

上海红色金融足迹

亚细亚大楼旧影

亚细亚大楼

大后方的红色保险

中山东一路 1 号

如今我们所见的位于中山东一路 1 号的"亚细亚大楼"，在它尚未建造前，此地也曾有过一幢房子。自 1842 年起，其房产先后为英商兆丰银行、美商旗昌洋行以及轮船招商局所有。1913 年，英商麦克贝恩公司在此投资兴建了七层的新大楼。1917 年，亚细亚火油公司买下其产权，此后人们遂将它称为"亚细亚大楼"。

亚细亚火油公司牌匾

大楼属折衷主义风格建筑，外表呈纵三段、横三段式布局。其南面和东面均建有形制相同的大门。大门左右两侧均有两根纵跨两层楼的爱奥尼柱，上面是弧形断山花门楣，显得豪华而大气。远看仿佛大门很高，其实入口大门也只占一层，入口两侧各有一根圆柱装饰。上段中部有 6 根爱奥尼柱。两侧六、七楼的窗户间有浮雕装饰。下段与上段明显呈现出古典巴洛克风格，中段则倾向现代主义的简约风格。1939 年，大楼又加盖了一层，成了今天我们看到的样子。

亚细亚大楼大门造型

重回上海的广大华行

1945年9月,民安保险公司常务董事杨延修受党组织派遣,为民安保险公司租下亚细亚大楼的整个一楼。1946年1月2日,民安保险公司在上海各大媒体刊登广告,对外宣布民安保险上海分公司将于1月4日开业。同年2月4日,总公司自重庆迁到上海后,便将上海分公司撤消,改由总公司直接经营。

民安保险公司的这次迁址,对于其中来自第二大股东广大华行的人来说,是一次回归。

1933年,卢绪章、杨延修、田鸣皋、张平、郑栋林共同发起成立了广大华行,额定资本仅为银元300元,实收150元。田鸣皋任总经理,卢绪章负责财务。公司的名字中之所以含"华行",是相对于当时外商被称为"洋行"而言的。

前排左起:张平、田鸣皋、卢绪章。后排左起:郑栋林、杨延修

上海邮政局旧影

广大华行主营西药和医疗器材。最初,这五个人都是利用工作之余和节假日处理业务,主要通过向教会学校和医院寄送广告招揽业务,然后通过上海邮政局寄货。因为没有办公场所,所以他们只是在上海邮政局租了一个邮箱接收邮件。但仅用了一年多的时间,除了把额定资本补足,还租下了宁波路香港国民银行五楼,用于增聘的专职员工办公,并在闸北租了仓库和员工宿舍。

第五章　上海红色金融足迹

1935年"一二·九"运动后,卢绪章、杨延修、张平、程树恩、舒自清等人参加了上海职业界救国会。其后,卢、杨、张等人还参加了中共地下党组织的上海文化界救亡协会举办的社会科学讲习所。1937年10月至1938年8月,卢绪章、程恩树、杨延修、张平等人先后加入中国共产党。

1940年春,上级党组织为了因应形势的变化,决定把广大华行改建为党的秘密工作机构,前往战时大后方执行党的任务。同年9月,广大华行改组成为股份有限公司。

广大华行股份有限公司股票
（1940年）

西迁后发起民安保险

1941年冬,田鸣皋卸任总经理后,广大华行正式将总管理处设在重庆,由卢绪章出任总经理。迁渝后,为增资扩股,卢绪章找到时任重庆保险同业公会常务委员的杨经才帮忙。

卢绪章

中兴产物保险股份有限公司股票（1945年）

1942年3月8日,从12岁学徒便踏入保险业的杨经才与谈峻声等人发起创建中兴保险,以经营财险为主,后更名为中兴产物保险股份有限公司。汤筱斋任董事长,杨经才任总经理,额定资本总额为

300万元。虽然公司规模不大，但分支机构遍布大后方多省，成为促进抗战期间民族保险市场持续发展的一份子。

1941年1月15日前收齐105万元股款后，广大华行于同年5月24日召开改组股东会，修改公司章程，选出董事和监察人。随后，在董事会会议上，经卢绪章提议，公推杨经才为董事长，卢绪章为总经理，杨延修、郑栋林为协理。

此时的广大华行虽然已在昆明、成都、贵阳等多地设有分支机构，但也只是一个药品经销商，社会地位不高。为了跻身陪都重庆金融界，以便更好地服务于党的统战工作，公司在经过审慎研究并得到周恩来的肯定后，决定创办保险公司。

1943年，广大华行在杨经才引荐下，通过时任民生实业公司航运顾问的海商法专家魏文翰的协助，与时任民生实业股份有限公司总经理的卢作孚共同发起成立民安保险股份有限公司（简称民安保险公司）。公司额定资本1000万元，分为10000股，每股1000元。先收半数。广大华行一方由卢绪章、杨延修各实缴12.5万元、张平（焕平）实缴10万元出面顶股。广大华行以实缴资本7%的资金成功进军保险业，成为红色金融史上一个成功典范。

1944年12月，杨经才因病辞世，享年38岁。1945年1月，经民安保险公司常务董事会推举，

卢孚作

民安产物保险股份有限公司股票（1948年）

杨经才

卢绪章由协理继任总经理。随后,他先后设法将广大华行的程恩树调入"民安"担任业务副处长,将中国茶叶公司的王应麒调入"民安"担任总务处长。其中,程恩树 1942 年 4 月加入广大华行前曾任中央信托局韶关办事处保险部主任,同时还是中国共产党上海保险业第一任书记。这些党员的加入,进一步加强了党组织对公司的领导和管理。

民安保险事业的拓展

1943 年 4 月,民安保险股份有限公司通过当时的重庆市社会局转呈经济部申请注册登记,获得批准后,于同年 6 月 1 日开始接受分保业务,7 月 1 日开始直接营业。就在这时,当时的国民政府财政部颁布《非常时期管理保险事业办法》,规定创办保险公司必须征得财政部核准。于是民安保险公司只能重新申请、补领营业执照,并按规定正式定名为"民安产物保险股份有限公司"。公司主营海上保险、木船货运险、水灾险、航空运输险、船舶险、水陆联运险、汽车险及邮政包裹险等。

民安产物保险股份有限公司保单(1948 年)

民生实业股份有限公司民众轮1946年首航台湾基隆港

开业之初,民安保险公司即得到民生实业股份有限公司在保险业务及营业网络方面的鼎力支持。

民生实业公司不仅将其所属 60 余艘船运险业务交给民安保险,同时还说服中国糖业公会将制糖厂的水火险、运输险业务交给民安保险,

美国美亚保险公司上海办公地

这就让"民安"先有了一部分稳定的收入。此外，民生实业公司还将其在大后方各地的分支机构变成民安保险公司的代理机构，使其业务范围迅速扩大。

民安保险公司迁到上海不久便把重庆、汉口、天津三个分公司分别改为华西区、华中区、华北区公司，成为面向一个区域的分支机构。此后又陆续拓展了华北区、东北区和华南区。不仅如此，民安保险公司还划拨资金设立民益运输公司，并与他人联合出资创办联安保险公司。

随着民安保险公司业务的不断扩大，民安保险公司还与美国美亚保险公司建立了合约分保关系。截至1946年7月底，民安保险公司总资产已达3.69亿元。

广大华行的发展、停业及延续

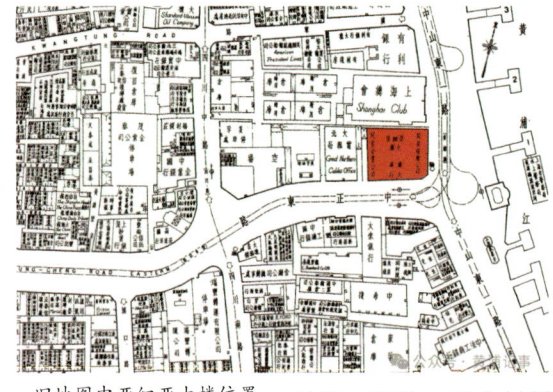

旧地图中亚细亚大楼位置显示广大华行与民安保险公司在此办公

除了民安保险公司，广大华行还在1942年3月与民生实业公司合资创办了民孚企业公司。卢作孚任董事长，卢绪章任总经理。公司主营桐油、猪鬃、肠衣等物资出口及化工原料、钢铁、五金材料进口，同时还代理整船运输苏联出口至中国的白报纸、西药等商品。

128

广大华行迁回上海后,与民安保险公司同在外滩1号一楼办公。

广大华行不断扩大投资领域,先后参与投资了华利企业公司、利群大药房、开来兴业公司、同生福钱庄、成大银号、上海市民日报公司、上海商报社等数十家各类企业。与此同时,广大华行还在纽约设立分公司,经销美国产的医药、钢铁及杜邦公司的化学产品等。

为了更好地掩护党在隐蔽战线的工作,经周恩来批准,广大华行与陈果夫合办了中心制药厂、与国民党CC系在台湾合办了七星纱管厂。

广大华行不仅通过公司业务开展,与国民党及军、政、特等人员建立广泛的联系,并利用这些关系掩护党的机构和干部,同时还为党组织提供了大量的经费。1948年,广大华行先后两次转给中共港粤工委15万美元,还给钱瑛领导的湖北、西南地区党组织转去20万港币。

1947年年初,随着国内形势的变化,中共上海分局决定广大华行的业务重心转移到香港。同年10月15日,民安保险公司香港分公司也随之开业,由广大华行香港分行经理梁次渔兼任。因国内战场局势的急剧变化,1948年11月,经中共上海分局刘晓书记请求中央后决定,除香港外,广大华行其他国内外机构一律清理停业。1949年3月,广大华行香港分行获准并入华润公司。

以卢绪章、杨延修为原型拍摄的电影《与魔鬼打交道的人》剧照(1980年)

冯玉祥祝贺卢绪章担任民安保险公司总经理题词

香港华润公司入口及牌匾

早在民安保险公司成立前的1941年，中共地下党组织在上海还创办了一家名为大安的保险公司。

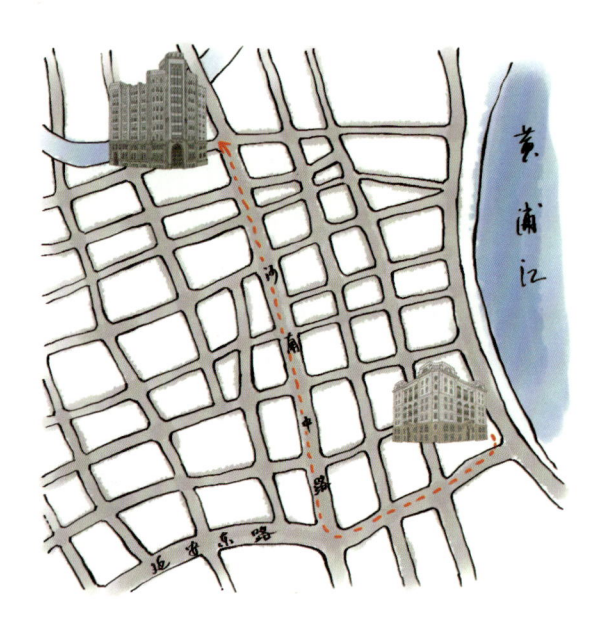

从广大华行旧址向西北步行约1700米，我们即可抵达下一站——大安产物保险公司旧址。

董事长和总经理

股份公司的董事长是由公司章程规定产生的，总经理是由董事会任命的。董事长负责组织董事会执行决策，总经理主持公司日常经营工作。

一个公司真正的主人是股东，即投资人。他们需要由一些专业人员组成的董事会管理公司。根据身份的不同，分为非员工董事和员工董事。非员工董事由股东大会选举产生，员工董事由职工代表大会选举产生。国有独资公司的所有董事都由国有资产监督管理机构委派产生。

上市公司董事会成员中还应包括1~3名独立董事。独立董事不在上市公司担任除董事外的其他职务。独立董事对上市公司及全体股东负有诚信义务和勤勉义务，努力维护公司整体利益，尤其是关注中小股东合法权益不受损害。

国华大楼设计效果图

国华大楼

沦陷区的红色保险

📍 北京东路 342 号

这座最高处有 11 层的钢筋混凝土大楼，位于北京东路与河南中路交口处，建成于 1933 年。整个大楼呈现代装饰艺术风格，立面强调垂直线条。建筑底部两层为花岗石饰面，有清晰的线脚和几何纹饰。转角处的主入口大门则纵跨着底部两层，为拱券黑漆大门。进入大门后，需登上九级台阶才能通过内门进入大厅。转角部分顶部为向上突起的第 11 层，呈塔状。除楼底两层外，其余墙体外立面均为灰色水泥。整个大楼高耸的气势，总不免会让人想起大楼建成之初，媒体报道时的一句精准点评"雄厚伟大，可华美不可奢侈"。

国华银行铁门

这座大楼由国华银行投资，并委托通和洋行和李石林（李鸿儒）设计。根据史料记载，一家名为大安的红色保险公司曾在这里办公。今天，从一张旧的楼面布局图中，也印证这一点。

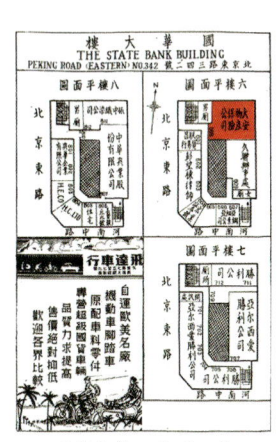

国华大楼六楼至八楼平面图

特殊背景下创办的公司

1941 年太平洋战争爆发后，日军占领租界，上海全面沦陷。原本控制上海保险市场的英美

谢寿天

大安产物保险公司保单

上海市保险业业余联谊会成立一周年纪念大会徽章

保险公司被迫停业，而在上海的日商保险公司因实力薄弱，一时还无法取代原来英美保险公司的地位。这就给了民族保险事业发展一个契机。时任上海天一保险公司会计科长、上海市保险业业余联谊会常务理事的谢寿天向陆志仁（地下党上海市委职工委员会书记）请示，提议创办保险公司。后经地下党领导同意，由同年2月刚刚加入中国共产党的谢寿天出面，邀请郭雨东、陈巳生、关可贵等人，于1941年10月19日共同发起筹建大安产物保险股份有限公司（简称大安产物保险公司）。同年11月28日，在筹集25万元股金后正式创建。第二年5月正式开业。谢寿天任常务董事兼总稽核。公司初设于广东路51号大莱大楼内，后迁至北京东路国华银行大楼内。

其后，公司陆续在天津、南京、广州、青岛、烟台、北平开设分公司，并在武汉、无锡、苏州等地开设代理处。

虽然大安产物保险公司不足30人，其中，高级职员中，多为地下党员。谢寿天、陈巳生则借助参加上海金融界、工商界等各界组织的座谈会、聚餐会，开展统战工作，广泛联系、团结爱国民主人士。

大安产物保险公司除了大力拓展保险业，还在筹集革命经费、掩护地下党的革命活动，以及支持上海市保险业业余联谊会（简称"保联")的各种活动中起到了重要作用。

"保联"的发起及影响

"保联"成立于全面抗战爆发的初期。

1937年淞沪会战结束后,国民党军队西撤,此时因欧美国家尚未对日宣战,上海租界成为被沦陷区包围的"孤岛"。中共上海地下党组织试图借助保险公司的业务活动,与各行各业的中、上层人士保持经常的联系,同时也为了便于开展抗日民族统一战线工作,及更好地掩护地下党员和党组织的秘密活动。经研究决定派宁绍水火保险公司的程恩树和中国保险公司的林震峰组成保险业党支部,筹备建立上海市保险业业余联谊会。

1938年7月1日,"保联"在宁波同乡会召开成立大会。在胡咏骐(保险同业公会主席、宁绍人寿保险公司总经理)、谢寿天(天一保险公司经理)等保险业中、上层人士的召集下,入会的人员有300多。大会通过"保联"章程,选举胡咏骐、谢寿天、程恩树、林震峰等为"保联"第一届理监事。胡咏骐被聘为顾问,他所主持的同业公会还将位于爱多亚路(今延安东路)160号的办公场所提供给"保联"使用。"保联"下设会员部、总务部、娱乐部、学术部,另外组成出版、图书、福利等委员会。发展至高峰时,会员总数多达一千五六百人,占保险界全部职工80%左右,其影响可见一斑。

胡咏骐

原"保联"会址
爱多亚路160号4楼

宁绍商轮有限公司股票
（1909年）

《保联》月刊创刊号

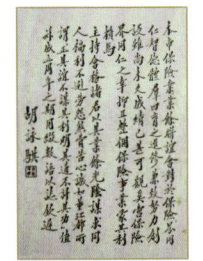

胡詠骐为《保联》一周年题词

虽然此时的胡詠骐还不是共产党员，但已积极投身党的事业。他曾安排中共江苏省委负责人刘晓以宁绍商轮有限公司职员身份为掩护，乘船离开上海，前往重庆。同年，他提出入党要求。经省委上报后，中共中央于1939年年初批准胡詠骐成为预备党员。但不幸的是，他于次年因病离世。

创办刊物扩大影响

"保联"为了让上海保险业的同仁们"在精神上融成一片""联络感情，交换知识，调剂业余生活，促进保险业的发展"，于1938年11月1日创办了《保联》月刊。关可贵、林振峰任主编，胡詠骐题写的刊名。时任中央信托局财产保险处经理的项馨吾先生为首刊撰写了《中国保险业之特点及其前途》。

《保联》月刊是一本纯学术刊物，主要刊载有关保险学术及保险实务方面的论文。主要辟有"保险论坛""保险座谈""保险浅说""保险信箱""保险问题研究""保险界人物志""特写""报告""会员意见"专栏。除此而外，还特设了"原野"专栏，主要刊载一些进步的散文、诗歌和苏联作家短篇文艺作品的译文等，以丰富会员们的业余生活。其中，"保险论坛"主要登载一些论述保险界重大问题的文章。作者大多是保险业的著名人士。保险业地下党员谢寿天、林震峰等人也会结合保险业实际，宣传发展民族保险事业的方向和政策。此外,"保联"还结合形势,积极宣传抗战,报道演唱救亡歌曲,排演抗日内容的进步话剧,举办青年知识讲座等活动,动员保险业资金转移到大后方。

《保联》月刊共出版了14期。1940年,改《保险》月刊后,又陆续出版了12期。

抗战胜利后,谢寿天受中共上海市委指示又创办了《经济周报》。他通过《经济周报》为党收集了大量国民政府企业的经济情报和资料,为党组织的正确决策提供了重要依据。同时,他还用《经济周报》将党内外的经济学家团结起来,并通过与其他团体组成"上海各经济团体联谊会"的方式,进一步扩大了与民族工商业者的联系,为党的统战工作开辟了新的阵地。

1949年4月,《经济周报》因揭露国民党的财政经济内幕,介绍共产党解放区的形势及解放战争的真实进程,遭到国民党当局的警告,后被勒令停刊。直到上海解放后,才得以复刊。

分别出版于1949年2月(上)和1951年12月(下)的《经济周报》

红色企业间的相互扶持

早在大安保险成立前1938年至1939年,谢寿天便参加了中共上海地下党组织的"职业界理论会",学习中共中央公开发表的宣言、毛泽东的讲话等文章。他用个人收入和积蓄资助中共江苏省委主办的每日译报社出版毛泽东的《论持久战》和美国进步作家斯诺的文章。他还通过"保联"销售该社出版的其他进步书籍,

每日译报社出版的《中国游击队》

陈巳生

1949年10月13日，陈巳生与刘晓、陈巳生之子陈震中、范晓凤（后排左起）在北京饭店阳台上合影

1953年老战友合影（左起：张纪元、方行、万景光、刘晓、刘晓妻张毅、方行妻王辛南、沈舜琴、冯志琼）

后加入中国共产党。

1944年底，按中共上海地下党组织的指示，陈巳生以大安保险之名参股面临停工的上海关勒铭金笔厂。1946年，关勒铭金笔厂增资改组后，陈巳生、谢寿天和时任中共江苏省委书记的刘晓等人都成为金笔厂董事。作为总经理的陈巳生不仅救活了金笔厂，还将自己及上海地下党组织在金笔厂股份中所得红利，全都用于地下党活动经费。

抗战胜利后，国民政府颁布相关法令，要求上海所有敌占期间的保险公司均须增资后重新登记，才能继续经营。许多中小保险公司因当时的"中储券"贬值、无力增资而被迫关闭。此时的大安保险因得到地下党组织的100两黄金支持得以继续经营。其后，大安保险为了确保其资金不受法币不断贬值的影响，又用这100两黄金中的一部分投资成立大安木材公司，广大华行和陈巳生的哥哥陈淼生也都注资参股。

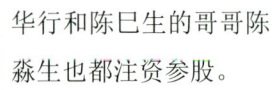

1946年，上海地下党组织为了避免党的有限活动经费不因当时的恶性通货膨胀而贬值，指示陈巳生、方行、赵朴初、谢寿天等人发起成立东方联合营业公

138

司，额定资本为黄金 1000 两，上海地下党出资 500 两，其他投资方筹集 500 两。应谢寿天的邀请，卢绪章和广大华行先投资 60 万法币，其后陆续追加，到 1947 年底时，共投资 122814.8 万法币。东方联合营业公司不仅是赚钱的红色公司，同时还通过在港台设立公司，成为收集情报和外派潜伏人员的机构。1949 年，朱枫前往台湾从事地下交通员工作，就是受东方联合营业公司领导成员之一的万景光派遣的。

1947 年的香港德辅道

1946 年，中共上海局派东方联合营业公司中的地下党员万景光等人前往香港。第二年的年初，万景光在香港创办了"荣记行"，以此为掩护，以其位于摩利山道的住宅作为联络点，正式建立了中共上海局香港联络站。东方联合营业公司通过万景光为上海地下党组织于 1948 年所办的学习班提供了经费。

吴石

1949 年，万景光派朱枫前往台湾担任交通员，与时任国民政府国防部次长的吴石传递情报。1950 年 3 月，因中共台湾省工委书记蔡孝乾被捕叛变，吴石、朱枫等人在台北被捕牺牲。

2012 年，朱枫烈士遗骸被安葬于宁波镇海烈士陵园

朱枫在去香港前,曾参与发起成立鼎元钱庄,并任董事。就在鼎元钱庄创建前,曾入股民安保险的秘密党员龚饮冰和他发起的建业银行在抗战结束后也迁来上海。

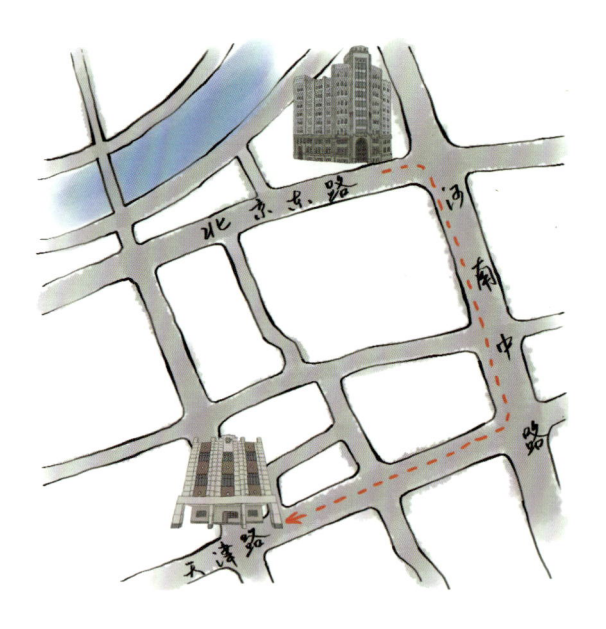

从大安保险旧址向西南步行约 1400 米,我们即可抵达下一站——建业银行旧址。

行业自律组织

资本市场各行业协会是我国资本市场行业自律组织,承担着行业自律监管的职能。自1991年中国证券业协会成立后,中国期货业协会、中国证券投资基金协会和中国上市公司协会随着资本市场的发展也相继成立。各行业协会发挥联系会员单位的作用,对行业建设进行自律监管,有效地促进了行业建设和资本市场发展。

上海辖区资本市场目前有以下行业自律组织:上海市证券同业公会、上海市期货同业公会、上海基金同业公会、上海上市公司协会。

天津路 201 号

第五章　上海红色金融足迹

隐蔽战线的银行钱庄
📍天津路 201 号

在天津路靠近山西南路的位置，有两幢形制完全一样的姊妹楼。如今这两幢楼略有不同的是，其中位于西边这幢 3 层楼上面明显加盖了 1 层。

这幢楼在造型上，很像中山东一路 14 号建成于 1948 年 10 月的交通银行大楼。在建筑设计方面，强调垂直线条，整幢大楼外立面简洁明朗。由此可以推断，这两幢姊妹楼也应属于近现代装饰艺术运动主义风格建筑。与外滩交通银行大楼不同的是，楼的中间墙面上方有一个浮雕装饰。更主要的是，这两幢楼各楼层窗户的间隔部分均以清水红砖呈现，与整体上的白色墙面形成鲜明的对比，使得整个建筑看起来规矩中不乏灵动。同时，这也更加突显了建筑设计上的垂直线条造型。

位于中山东一路 14 号的原交通银行大楼

大楼上的浮雕装饰

来自重庆的银行

1945 年底，为进一步拓展国统区隐蔽战线的工作，在党组织的指示下，时任建业银行总经理的龚饮冰将因战争未能开业的柳州分行迁

建业银行上海分行开业登记的文书

电影《永不消逝的电波》剧照

龚饮冰曾以僧人的身份从事隐蔽战线工作，后化名龚再僧。图为他身穿袈裟的照片

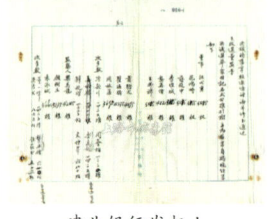

建业银行发起人选任董事监察人名单（来源：上海市档案馆）

到了上海。1946年6月，建业银行上海分行就在这天津路201号的大楼开业了。同年8月，龚饮冰和建业银行总管理处也由重庆迁至上海。

龚饮冰在建业银行中安排了一些党员及其部分家属进行党的秘密工作。同时，他和夫人王毅之还担负着领导上海的三个秘密电台与延安保持通信的任务。其中一部电台便是由后来为革命献身的李白负责的。他的故事被改编成电影《永不消逝的电波》。

1943年9月，因全面抗战西迁至重庆的化工实业家范旭东，在筹划创建"化工十厂计划"时，受生产经营资金困扰，与老友南开大学经济研究所所长、经济学家何廉商议创办自己的银行。后经何廉推荐，认识了"颇有资财""正直厚道的资本家"龚饮冰。此时的他已化名龚再僧（这个名字与他曾于1934年在长春加入佛教协会，且常以佛教居士身份作掩护开展地下工作有关）。

周恩来得知此事后，考虑到投资银行既可掩护党的秘密工作，又能支持民族化工实业，便指示龚饮冰用党的部分营运经费与范旭东共同创办银行。同年12月，经多方疏通、斡旋，重庆和济钱庄与成都振华银号获准改组成建业银行。额定资本为法币1000万元，和济、振华共持股350万元，余额由范旭东和龚饮冰出资。1944年召开股东大会，推举和济钱庄汪代玺为

144

董事长，范旭东的永利公司财务协理范鸿畴任总经理，龚饮冰为常务董事。

因受战时国统区通货膨胀、公司董事间矛盾，以及公司经营不善等多重因素的影响，建业银行开业仅半年，便亏损 1800 万元，另有不良贷款 3000 万元。

1945 年 1 月，建业银行召开董事会，改选常务董事李维诚代理董事长，其后由范鸿筹正式接任。龚饮冰先代总经理，而后正式继任。

增资扩股受党掌控

1945 年 5 月，建业银行的股东会决定增资至法币 5000 万元。龚饮冰借此机会拿出通货膨胀时最值钱的 12000 美元，按当时的汇率折算后，承担了不愿追加投资的股东的增资额度。同时，龚饮冰还积极吸收卢绪章主持的广大华行入股建业银行，从而使得中共地下党组织的占股比例达到 44%，一举成为建业银行的最大股东。其实早在卢绪章发起成立民安保险公司时，龚饮冰也曾从党的运营资金中抽出 20 万元，以锦华湘绣庄经理的名义入股民安保险公司。这一来一往或可看作是党管企业间的相互支持。

由于卢绪章通过拉拢国民党政府内的官员倒卖黄金、美钞和进口药等，盈利颇丰，在与建业银行密切的业务往来中，有的业务委托金额甚至超过建业银行的资产，无形中也增加了社会对建业银行的信任。再加上范旭东的永利、

龚再僧（龚饮冰）

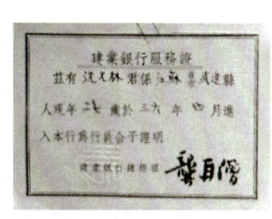

龚饮冰以"龚再僧"的名义签发的建业银行服务证

永利碱厂

久大两家公司的良好声誉，共同促进了建业银行的后续发展。

与此同时，龚饮冰凭借其"湘帮"的人脉及中共背景的工商业的支持，业务越做越大。例如，他曾安排中共地下党组织领导的重庆工业合作联合社，一次存入定期存款8000万元法币。到了1945年底，建业银行已吸收存款300亿元法币，放贷超过1.5亿元法币，并计划增设成都、长沙、柳州三个分行。后因时局的变化，将原本准备在柳州开设的分行改到了上海。随着建业银行总管理处也迁至上海，建业银行于1947年陆续在南京、汉口、天津开设了三家分行。总部位于天津的永利、久大两家公司分别将其存款总额的80%、90%存于建业银行天津分行，天津分行还吸收到了南开大学的存款，从而其营业额不断增大。

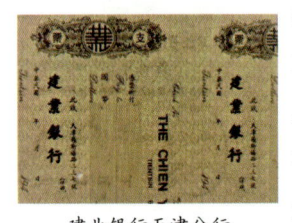

闹市区的红色钱庄

1947年3月，在位于四川中路靠近宁波路的繁华地段，一家名为鼎元钱庄的店铺正式挂牌营业。发起成立钱庄的是中共隐蔽战线文化和金融领域的领导者之一、时任解放区华中银行副行长的徐雪寒和华中银行第二分行行长的邓克生。他们选定的总经理则是他们共同好友许振东。

1946年6月，许振东开始在

其自家开办的仁泰钱庄楼上筹建鼎元钱庄。中共上海市委派谢甲孚、陆鉴崖、陈秀橡 3 人担任鼎元钱庄襄理。董事中，既有公开经商的中共党员，也有党外知名人士。董事长一职邀请的是早年参加过同盟会、曾在蒋介石家中担任过家庭教师的张席卿挂名。许振东担任监察一职，并负责实际工作。全部资本中，由解放区的华中银行出资 50%，许振东的仁泰钱庄出资 40%，社会招股 10%。总股本约 800 两黄金。

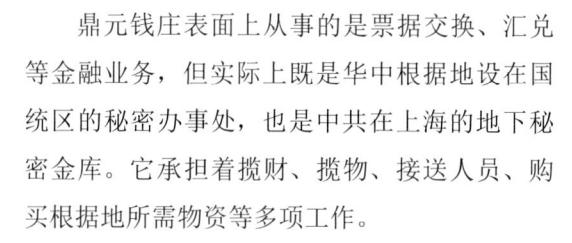

许振东家族的仁泰钱庄

鼎元钱庄表面上从事的是票据交换、汇兑等金融业务，但实际上既是华中根据地设在国统区的秘密办事处，也是中共在上海的地下秘密金库。它承担着揽财、揽物、接送人员、购买根据地所需物资等多项工作。

鼎元钱庄的票据

可是，鼎元钱庄在创建之初，因资金微薄，实力远不敌那些历史悠久、实力雄厚的银行和老钱庄。为了能在上海银钱业站稳脚跟，鼎元钱庄采取从简、从宽、方便、灵活等做法，在充分掌握客户资产、信用、经营等情况下，尽可能地简化手续，便利客户。例如，解入票据当天即可抵用，信用透支额度、时间适当放宽，急需贷款可酌情满足等。因此，鼎元钱庄吸引了许多贸易公司、批发商等工商业客户前来办理业务，使钱庄得以快速发展。

鼎元钱庄对党的解放事业所做的贡献，仅从下面一组数字即可见一斑：注入 20% 的股金，

鼎元钱庄报纸广告

鼎元钱庄旧影

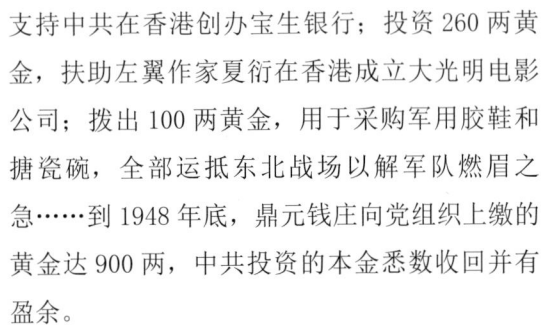

许振东

朱弥明（朱枫）

支持中共在香港创办宝生银行；投资260两黄金，扶助左翼作家夏衍在香港成立大光明电影公司；拨出100两黄金，用于采购军用胶鞋和搪瓷碗，全部运抵东北战场以解军队燃眉之急……到1948年底，鼎元钱庄向党组织上缴的黄金达900两，中共投资的本金悉数收回并有盈余。

巧避风险迎解放

对于在隐蔽战线上工作的人来说，他们时刻处在风险之中。

许振东的家里经常会接待来自苏北根据地的"客人"，由于这些人的穿着与上海大都市人的着装截然不同，许振东夫妇便将自己的衣服改好后给他们穿。

鼎元钱庄经历的最危险的一次事件，则是来自一次漫不经心的家庭聊天。时任鼎元钱庄董事的党员朱弥明听在中统工作的同父异母妹夫水某说，共产党无孔不入，已打入上海金融业。接着，水某在朱弥明的询问后，说是只听说有个"鼎"字。朱弥明随即向徐雪寒和陈明报告了此事。根据领导指示，朱弥明宴请自己的书法老师、时任国民政府秘书的沙孟海，并请他为鼎元钱庄题字。用蒋介石府上红人沙孟海的题字做招牌，自然起到很好的保护作用。此外，在鼎元钱庄的营业厅中，还压着一封写给时任山东省政府主席兼保安司令王耀武的信。事后

据传，是苏北根据地到上海购买电线及五金器材的人被捕后供出的，好在此事并未影响鼎元钱庄的工作。

为了进一步确保钱庄安全，鼎元钱庄通过调整股东结构，又找了一些国民党官僚和商人入股，甚至改请国民党中央委员、合作金库常务董事骆美奂担任董事长。

鼎元钱庄

鼎元钱庄的革命者，不仅要躲避政治风险，也要躲避金融风险。因国民党军队大举进攻解放区导致与解放区汇兑业务停止后，许振东立即将汇款结余全都用来购买黄金，以防止国统区货币贬值。同时，他还与徐雪寒共同在上海创办经济实体，如联丰花纱布公司、建货贸易行、同庆钱庄等6家企业，利用鼎元钱庄的资金运作，支持这些企业筹集解放区急需的物资，也为中共组织积累资金。

就这样，鼎元钱庄安全地等到了1949年5月27日，中国人民解放军挺进上海。

解放军骑兵经过外白渡桥

第二天，龚饮冰则以上海军管会"驻企业军代表"的身份率队接管"中国银行"，并成为解放后的中国银行首任总经理。其实，早在1948年春，因一名地下党被捕，龚饮冰便奉命撤离上海，前往香港，后几经周转后，再次回到上海。

龚饮冰（左一）、冀朝鼎（左二）率队进驻"中国银行"

1990年12月,改革开放后的第一家证券交易所——上海证券交易所开业。此时距离上海证券大楼封闭已经过去了41年。

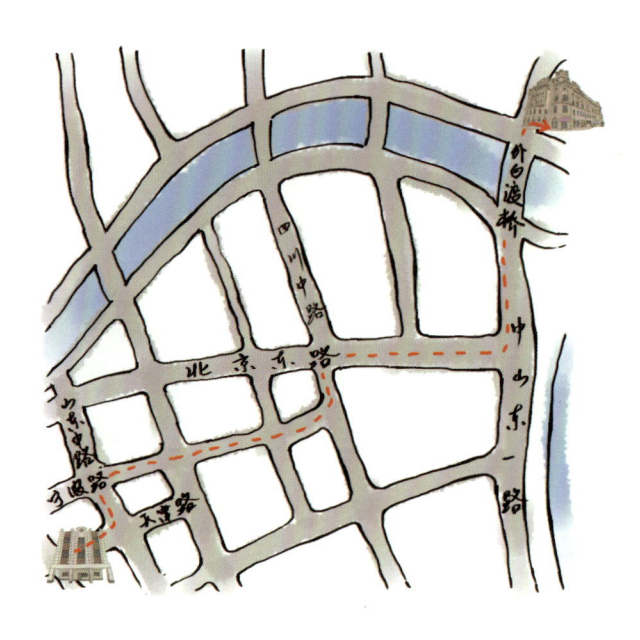

从建业银行旧址向东北步行约1400米,我们即可抵达下一站——上海证券交易所旧址。

红色金融史上的第一

1923年 最早的红色股票

安源路矿工人合作社发行了第一只红色股票。

1924年 最早的红色信用社及货币

衙前农协创办了衙前信用合作社并发行了布币。

1928年 最早的红色金属铸币

红四军在井冈山创办的红军造币厂铸造了最早银元，因其上面有表现工农民主政权的"工"字，而被称作"工"字银元。

1930年 最早的红色公债

2月，贺龙为解决红四军经费，以鹤峰县苏维埃政府名义发行了迄今已知最早的红色公债。

1930年 最早的红色股份制商业银行

11月7日，闽西工农银行成立并发行了纸币，这是中国共产党领导下创办的、最早的股份制商业银行。

1932年 最早的红色国债

中华苏维埃共和国为了"反围剿"发行了最早的国债——中华苏维埃共和国革命战争公债券。

礼查饭店旧影（建国后更名为浦江饭店，1990年上海证券交易所创建时选址于此）

152

新航程:上海证券交易所
📍 黄浦路 15 号

从外滩一侧沿外白渡桥右侧向北出发，过桥后，首先映入眼帘的就是这幢新古典主义巴洛克风格建筑。它是始建于 1846 年的礼查饭店，1860 年迁址于此。后经多次改扩建，直至 1920 年，才形成今天的格局和样貌。因此，老楼的中厅还留有 1860 年时的维多利亚时期哥特复兴式建筑风格。

今天看到的建筑共有 5 层，有弧形券、半圆形券及平券三种式样的窗形。大楼外立面多凹凸变化，二层的部分窗户外接阳台，三、四层间有一部分装饰着爱奥尼柱。从老照片上可以看到，在半圆形的转角处的楼上，原本有一座穹顶塔楼，现已不见踪影。

1959 年大楼更名为浦江饭店。

在 1916 年俄罗斯领事馆未建成前，从对岸可尽览礼查饭店全貌

见证了资本市场的新开端

1990 年 12 月 19 日上午 11 时，从浦江饭店孔雀厅传出了上海证券交易所的第一记开市锣声。

来自上海、山东、江西、安徽、浙江、海南、

上海证券交易所开业庆典

辽宁等地的25家证券经营机构成为交易所首批会员，共分为专业经纪商、专业自营商、监管经纪商和自营商等几种。这一天，同时登陆上海证券交易所进行交易的有5种国债、8种企业债券，9种金融债券和8只股票。其中最引人关注的还是飞乐音响、延中实业、爱使股份、真空电子、申华实业、飞乐股份、豫园商城、浙江凤凰等8只股票，这就是世人俗称的"老八股"。其中，真空电子成为开业当天成交的第一只股票，两年后的1992年2月21日，真空电子再次成为上海证券交易所B股首次开市交易第一单。

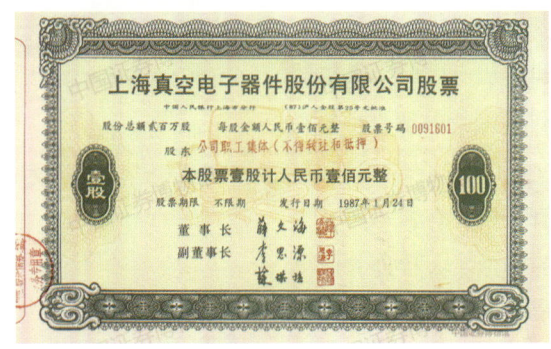

上海证券交易所开业当天共成交12.6万股，成交金额49.4万元。虽然这个成交金额可能还不如今天一位中小投资者一次交易的量，但却是中国股票交易市场从小到大的出发点。这一天的股指收盘点位定格在99.98点，此时的上海证券交易所还没有自己编制的股票指数，开市初期一直沿用静安证券业务部于1989年编制的静安指数,这也是新中国成立后的第一个股票指数。直到1991年7月15日上海证券交易所才正式发布自己编制的上证指数。

最小的证券交易柜台

静安指数是由中国工商银行上海市信托投资公司静安证券业务部编制的。这家业务部在1986年9月26日正式开业,位于南京西路1806号。这里原本是一家理发店,室内柜台外面积仅为12平方米。

同年11月16日,这个被称世界上最小的证券交易柜台,却迎来了世界上最大的证券交易所——纽约证券交易所董事长范尔霖的光临。

静安证券业务部门外

两天前,刚刚参加完中美金融市场研讨会的范尔霖受到邓小平的接见。会见时,范尔霖向邓小平赠送了一枚纽约证券交易所的证章。会见结束后,他收到了邓小平回赠的一张上海飞乐音响股票。

范尔霖向邓小平赠送纽约证券交易所证章

可是谁也没有想到,这张面额50元、发行于1984年11月、公开发行量仅为1万股的股票,却引起国内外媒体的广泛关注,有媒体以《中国与股市握手》为题报道了此事。其实,最初中方备选的礼品是早于"飞乐音响"4个月发行

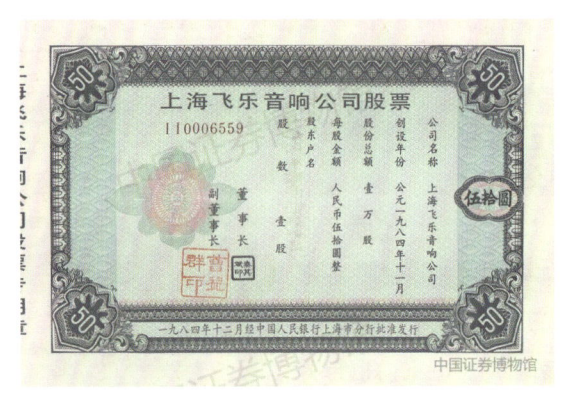

的北京"天桥百货"股票。虽然"天桥百货"是第一家由全民所有制转为股份制的企业,但股票上"五年还本"等字样让它看起来更像是企业债券。与这一时期其他股票不同的是,飞乐音响股票因其"不限期""可转让""不退股"的特点,被认为是改革开放后第一张真正意义上的股票。

上海飞乐音响公司股票
（1984 年）

细心的范尔霖收到这份特殊的礼物后,发现股票上的名字是"周芝石",而非他本人,于是专程乘飞机来到静安证券业务部办理了过户手续。

纽约证券交易所董事长范尔霖到静安证券业务部办理过户手续

回国后,范尔霖便将这只股票挂在了纽约证券交易所的大厅里。

1988 年 6 月,时任伦敦证券交易所主席的哥德森也来到了静安证券业务部,并用中文写下了老子的一句名言"合抱之木,生于毫末"。

伦敦证券交易所主席哥德森给静安证券业务部题词

这仿佛是个预言,两年后,沪深交易所相继成立。它标志着改革开放后集中交易的资本市场开始形成。

有故事的"延中实业"

每只"老八股"的背后都有故事,其中故事最丰富的非"延中实业"莫属。

看着"延中实业"这个名字，总会给人一种实力雄厚、规模宏大的企业印象，实际上，它的前身上海延中复印工业公司却是由一批位于静安区延安中路的街道小厂合并而成的。"延中"就是延安中路的简称。虽然它下辖企业多达27家，但最有实力的只有上海延中复印机厂。别看它名字不起眼，可也创造过许多个"第一"：自行设计、制造了第一台J型晒图机，因引进设备而成为中国银行上海分行对街道企业信托投资第一家，上海街道企业中第一家中外合资企业。

上海延中实业股份有限公司股票（1985年）

上海延中复印机厂

1985年1月，"延中实业"成为继"飞乐音响"之后，上海第二家发行股票的企业。计划发行50万股，每股10元。由于担心股票卖不掉，"延中实业"还专门设计了抽奖环节，一等奖是静安区的一套两居室的房子，此外还有其他各种奖品。可令人意想不到的是，发行当天早晨6时许，排队的人已经从江宁路排到北京西路、再到陕西北路，围了一大圈。原计划要保留15万股的集体股，后经请求中国人民银行上海市分行金管处后，只留了5万股集体股。

投资者在静安证券业务部购买股票（1986年）

8年后的1993年国庆前夕，一场轰动整个资本市场的"宝延风波"再次把"延中实业"推向舆论的中心。

从这一年的9月14日起,深圳宝安集团旗下三家公司开始大量买入延中实业股票,直到9月30日上午11时15分,宝安集团合计拥有延中实业15.98%的股份。后经证监会调查认定,宝安集团及其关联企业,在买卖股票过程中,存在信息披露等违规行为,但购买延中实业股权有效。它迈出了中国上市公司收购的第一步。

"宝延风波"发生后,"延中实业"新闻发布会

这个宝安集团旗下的前身深圳市宝安联合投资公司,是改革开放后首家通过报刊公开招股的企业。它之所以能通过这种方式收购"延中实业",主要是抓住了"延中实业"属于市场上所说的"三无股"的特点,即无国家股、无法人股、无外资股。概括来说,就是无优势大股东,其中91%的股票都是分散的个人股。

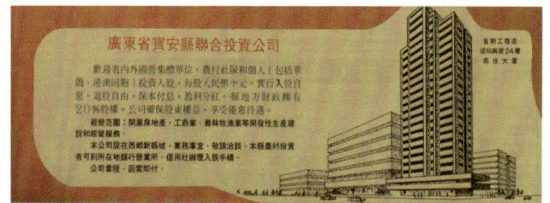

宝安公司招股广告(1983年)

到了1996年,"延中实业"从曾经的被收购者转变成了收购者。这次它依然是通过二级市场购买的,而被收购者则是同为"老八股"之一的"爱使股份"。

"327"国债期货事件

为了提升国债市场吸引力,增加二级市场活跃度,上海证券交易所推出了12个品种的国债期货标准合约。1995年2月23日,市场各方因对政府是否会给予国债贴息政策持不同观点,而对代号327、标的为1992年发行的三年

"327"国债期货柜台

158

期国债的期货合约产生了做多和做空的分歧。在当天国债交易最后8分钟，做空交易的代表万国证券在大量透支保证金的情况下，违规连续抛出2070万张卖单，将327国债期货合约价从151.30元打压至147.50元。当晚10点左右，上海证券交易所宣布，最后8分钟内交易无效。1995年5月17日，中国证监会请求国务院同意，于次日在全国范围内暂停国债期货交易试点。

2006年，中国金融期货交易所在上海成立。2013年9月6日，五年期国债期货合约在中国金融期货交易所正式上市交易，国债期货品种才告恢复。这也标志着我国期货衍生品市场发展进入了一个新阶段。

1997年12月19日，上海证券交易所在成立七周年之际，正式迁入位于浦东陆家嘴金融贸易区的上海证券大厦。

工作人员撤掉国债期货条幅

国债期货重回市场的新闻报道

2018年，黄浦路15号，这幢见证了中国资本市场新开端的老建筑已改建成中国证券博物馆，并于同年12月22日正式揭牌。它也是中国证监会主管的、我国证券期货行业唯一的国家级博物馆。

锦上添花万象新
——湘财历道藏品精华展

日出江花红胜火
——中国资本市场改革开放历程展

百花齐放春满园
——世界与"一带一路"交易所文化展

周恩来在上海
红色足迹专题展

中国多层次股权市场

　　股权市场是资本市场的典型形态。我国资本市场设立以来，多层次股权市场不断发展壮大，板块层次日益丰富，已经形成包括主板、创业板、科创板、新三板以及区域性股权市场等在内的市场体系，为不同类型、不同成长阶段的企业提供多元化、差异化的融资服务，为完善现代企业制度、支持企业做优做强、促进创新创业、推动经济转型和结构调整发挥了不可替代的重要作用，有力地支持了实体经济高质量发展。

——《中国资本市场三十年》

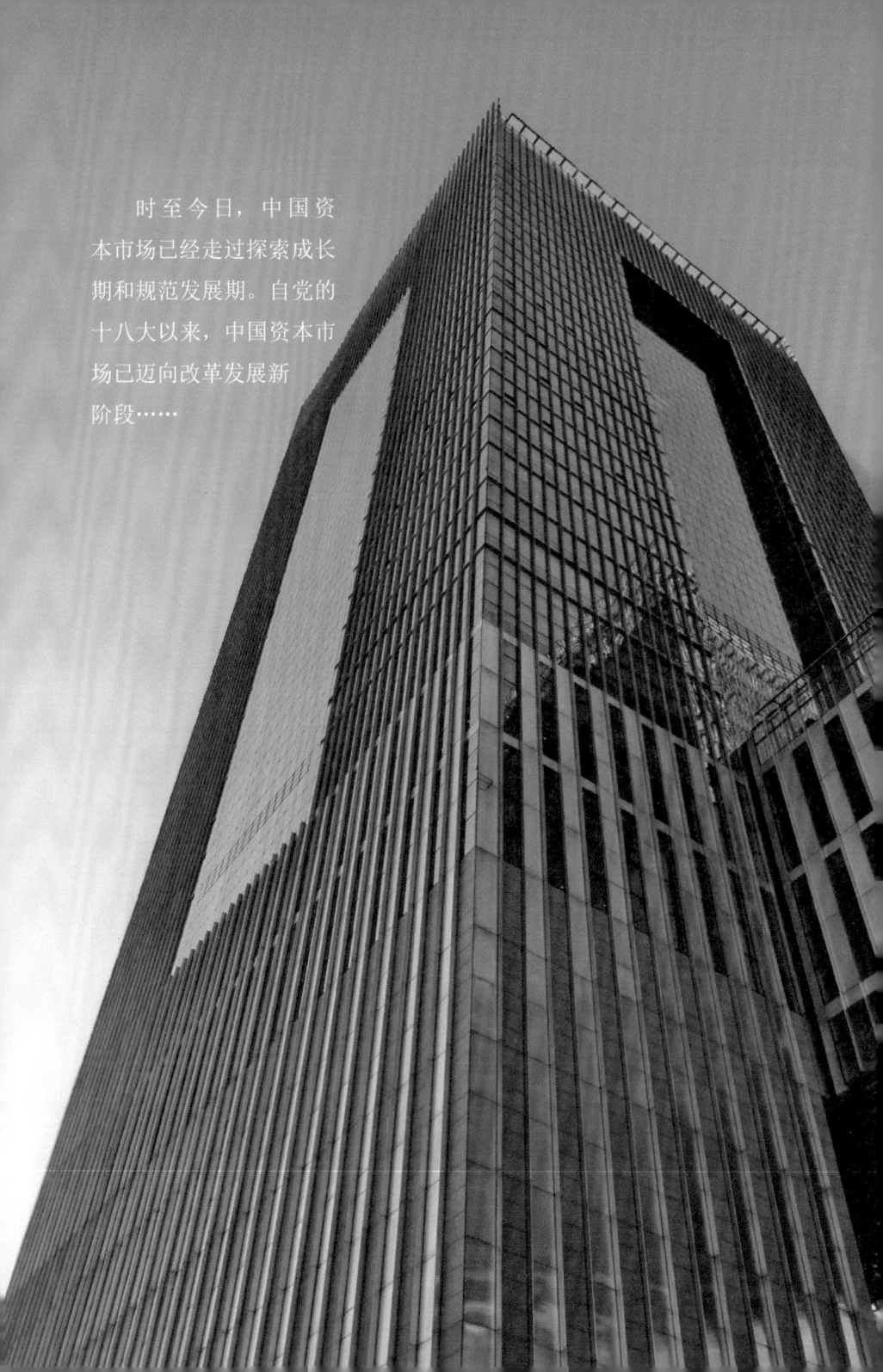

时至今日,中国资本市场已经走过探索成长期和规范发展期。自党的十八大以来,中国资本市场已迈向改革发展新阶段……

后 记

　　《建筑里的金融故事》即将付梓之际，湘财证券投资者教育基地联合中国证券博物馆历时四年摄制的系列视频短片《中国证券故事》也于 2025 年 3 月全部播放完毕。在此期间，我们于 2023 年编撰出版了《漫话百年证券史：金融起始之路》。

　　从《中国证券故事》到《漫话百年证券史：金融起始之路》，再到《建筑里的金融故事》，我们始终立足行业自身特色，努力讲好中国故事，并藉此普及金融知识。

　　在此衷心感谢上海投保联盟的指导，衷心感谢上海证券交易所投资者教育基地、上海市证券同业公会、湖南省证券业协会、上海市静安区业余大学的大力支持，同时，还要特别感谢中国证券博物馆提供宝贵的照片。

　　在此谨向上述单位致以诚挚的谢意和崇高的敬意！

编　者